ESCRAVIDÃO
DIGNIDADE
TRABALHO

ESCRAVIDÃO
DIGNIDADE
TRABALHO

AUTOR
António José Moreira

EDITOR
EDIÇÕES ALMEDINA, S.A.
Rua Fernandes Tomás, n.os 76, 78 e 80
3000-167 Coimbra
Tel.: 239 851 904 • Fax: 239 851 901
www.almedina.net • editora@almedina.net

DESIGN DE CAPA
EDIÇÕES ALMEDINA, S.A.

EDITOR
EDIÇÕES ALMEDINA, S.A.

IMPRESSÃO E ACABAMENTO

2.ª edição
Junho, 2021

DEPÓSITO LEGAL

ALMEDINA | GRUPOALMEDINA

BIBLIOTECA NACIONAL DE PORTUGAL – CATALOGAÇÃO NA PUBLICAÇÃO

MOREIRA, António José

Escravidão, dignidade, trabalho. – 2.ª ed.
ISBN 978-972-40-9683-4

CDU 34

ANTÓNIO JOSÉ MOREIRA
Professor Catedrático
Vice Chanceler das Universidades Lusíada

ESCRAVIDÃO DIGNIDADE TRABALHO

2.ª EDIÇÃO

ALMEDINA

DEDICATÓRIA

Aos meus Pais, que me deram tudo o que de muito pouco tinham, do ponto de vista material, e que me enriqueceram pelo exemplo da perseverança, dignidade, generosidade, trabalho e compaixão.

À Sãozinha que, vai para cinquenta anos, me tem dado o que muito tem, ajudando-me a olhar em frente e a construir muitos sonhos em conjunto, e a quem milhares de crianças devem uma aprendizagem exemplar no ensino primário, crianças sobretudo de Canelas, tudo feito com muita generosidade, solidariedade, carinho, amor e partilha.

À Joaninha, médica, à Susaninha, economista, e à Xaninha, jurista, filhas exemplares, que me têm dado apoio constante, com diálogos muito profícuos, mesmo em épocas, que as há, em que os ventos não correm de feição, com a turbulência que a vida sempre comporta.

À Joana, à Beatriz, ao Guilherme, ao Diogo e ao Nuno, netos diletos e muito amados, pela cumplicidade militante, pelo carinho desmedido, pelo companheirismo de pessoas que se querem bem, e pelo muito que me ensinam, particularmente a brincar e a ser uma criança-adulta responsável e feliz...

Casa de Canelas
23 de fevereiro de 2021

NOTA À 2ª EDIÇÃO

Vemos, ouvimos e lemos
Não podemos ignorar
...
Vemos, ouvimos e lemos
Relatórios de fome
O caminho da injustiça
Linguagem do terror
...
Excerto da *Cantata da Paz* de
Sophia de Mello Breyner Andresen
(1919-2004)

Volvidos menos de dois meses sobre o lançamento desta pequenina obra, a mesma esgotou-se. Logo pensei na razão que assiste a TOLENTINO MENDONÇA quando, numa das suas obras, e a propósito desta época pandémica, discorre sobre a *Libroterapia*.

Esta 2.ª edição, que corrige algumas notas e lapsos da 1.ª, e acrescenta uma ou outra ideia, foi concluída no

Domingo do Pentecostes, para muitos o dia do nascimento da Igreja Cristã. Lembrei-me, pois, de *A Torre de Babel* – *Gn.* 11, 1-8, e do *Livro dos Atos dos Apóstolos* 2,1-11, e pensei como é, contraditoriamente, difícil e fácil comunicar. Sob o signo das línguas, é fácil concluir que falar outras é a porta aberta ao relacionamento internacional, contributo para o fim do racismo e da marginalização. É esta perspetiva de fraternidade que hoje me ocorre, a lembrar o tríptico revolucionário francês de 1789 – *liberdade, igualdade* e *fraternidade.* Que bom seria que fossemos uma comunidade de irmãos. O Papa FRANCISCO escreve isso mesmo em *Fratelli Tutti.*

Fico muito feliz por constatar que temas tão densos – *Escravidão, Dignidade, Trabalho* – interessam a um universo vasto de pessoas. Assim poderemos caminhar para uma autêntica *Casa Comum.*

Casa de Canelas,
23 de maio de 2021

«Aqueles que passam por nós, não vão sós, não nos deixam sós. Deixam um pouco de si, levam um pouco de nós»

...

«Amar não é olhar um para o outro, é olhar juntos na mesma direção»

SAINT-EXUPÉRY (1900-1944)

O Principezinho

«O isolamento e o fechamento em nós mesmos ou nos próprios interesses nunca serão o caminho para voltar a dar esperança e realizar uma renovação; mas é a proximidade, a cultura do encontro. O isolamento, não; a proximidade, sim. Cultura do confronto não; cultura do encontro sim»

Papa FRANCISCO

Carta encíclica Fratelli Tutti

ABREVIATURAS, SIGLAS E ACRÓNIMOS

A.C. – Antes de Cristo

ACT – Autoridade para as Condições de Trabalho

AcTC – Acórdãos do Tribunal Constitucional

ADN – Ácido Desoxirribonucleico

Al. – Alínea

AR – Assembleia da República

AT – Antigo Testamento

BFDUC – Boletim da Faculdade de Direito da Universidade de Coimbra

BGB – *BürgerlichesGesetzbuch* – Código Civil Alemão

BIT – *Bureau International du Travail*

BMJ – Boletim do Ministério da Justiça

C – Contra, Código

Cap. – Capítulo

CDFUE – Carta dos Direitos Fundamentais da União Europeia

CE – Constituição Espanhola

CEDH – Convenção Europeia para a Proteção dos Direitos Humanos e das Liberdades Fundamentais

CEE – Comunidade Económica Europeia

Cfr. – Confrontar
CIDH – Carta Internacional dos Direitos Humanos
Coord. – Coordenação
CPCS – Comissão Permanente de Concertação Social
CRP – Constituição da República Portuguesa
CT – Código do Trabalho
D – Digesto ou Pandectas, uma das partes do *Corpus Iuris Civilis*
D.C. – Depois de Cristo
DRE – Diário da República Eletrónico
DUDH – Declaração Universal dos Direitos Humanos de 1948
E4J – *Education for Justice* – Educação para a Justiça
ECHR – *European Court of Human Rights*
Ed. – Edição
EUA – Estados Unidos da América
GG – *GrundGesetz* – Constituição Alemã
GPS – *Global Positioning System* – Sistema de Posicionamento Global
HUDOC – Base de Dados da ECHR
IRCT – Instrumento de Regulamentação Coletiva de Trabalho
N.º – Número
NASA – *National Aeronautics and Space Administration*
NT – Novo Testamento
OIT – Organização Internacional do Trabalho
ONU – Organização das Nações Unidas
Op. cit. – Obra Citada

PCP – Partido Comunista Português
PIDCP – Pacto Internacional dos Direitos Civis e Políticos
PIDESC – Pacto Internacional dos Direitos Económicos Sociais e Culturais
Pp. – Páginas
RDES – Revista de Direito e de Estudos Sociais
REDT – *Revista Española de Derecho del Trabajo*
RL – *Relaciones Laborales*
SMS – *Short Message Service*
Ss. – Seguintes
TC – Tribunal Constitucional
TEDH – Tribunal Europeu dos Direitos Humanos
Trad. – Tradução
UNESCO – Organização das Nações Unidas para a Educação, Ciência e Cultura, com sede em Paris
UNODC – *United Nations Office on Drugs and Crime*, com sede em Viena de Áustria (1997)
V – *Versus*, contra
Vd – *Vide*, veja-se
V.g. – *Verbi gratia*, por exemplo
Vol. – Volume

Magnólia, de 30 anos, da minha Casa de Canelas.

E PORQUE NÃO?

Nesta época de SARS-CoV-2, neste tempo de isolamento, a caminho do silêncio a que, amiudadas vezes, se reporta, em vários dos seus livros, TOLENTINO MENDONÇA, questionei-me se não era chegada a hora, se não era a altura, o tempo certo (o Kairós) de exteriorizar algumas ideias, de as publicitar ou, dito por outras palavras, de fazer um livro.

Bem sei que quando o Cardeal TOLENTINO se reporta, num dos seus livros mais recentes – *O Que é Amar um País. O Poder da Esperança*, (agosto de 2020), à *Libroterapia*, é na perspetiva da leitura que o faz, « como forma de resistir a este vírus », pois os livros, segundo ele, «… são salva-vidas para todos os tempos». E a Covid-19 estava longe de atingir os picos, porventura nunca pensados, e que nos colocou, pelo mau exemplo, *nas bocas do mundo…*, e que, felizmente, foi ultrapassada, sendo Portugal, em maio de 2021, um exemplo, para a Europa e para o Mundo, no combate à pandemia SARS-CoV-2.

Também sei que ALICE VIEIRA, respondendo a uma criança de nove anos (Com nove anos tenho capacidade para escrever livros? *in Trocado por Miúdos*) sobre o fazimento de um livro, diz que, desde logo, é «preciso aprendizagem e tempo», acrescentando que « os livros são essa companhia junto de nós ». Claro que é preciso inspiração (além da transpiração). Seria o caso para citar PICASSO quando asseverava que quando a inspiração chegava o encontrava sempre a trabalhar...

"Ler bem um livro é tão raro e precioso como escrevê-lo".

... Mas porque é que nos há-de dar para estar sozinhos? ... Olha para a Biblioteca. Achas que o que está escrito em todos aqueles livros não é companhia bastante? Ler é sempre um diálogo do eu com a voz de outra pessoa", assim o diz MEGA FERREIRA, (em Porque é que os livros existem?, *Trocado por Miúdos*).

Também é certo que a virgindade não me acompanha na escrita. De facto, na minha idade já vetusta, além de múltiplos artigos científicos, publiquei, em 1986, o meu primeiro livro, com a chancela da Porto Editora. Mas estou a falar de Direito. E agora? Será o *Ius Aequum et Bonum*?! Ou será algo mais, transdisciplinar, com sociologia, economia, teologia, história? Ou algo menos,

Direito Interno, com vários ramos, ou Externo Comparado? *Olho e não vejo... ouço e não escuto...*

Mais tarde, isto é, três anos depois, fui diretor de um jornal mensal, concelhio, de divulgação nacional, *Contemporâneo* de seu nome, de vida efémera (dois anos), e onde tive o privilégio da colaboração, na página *O Homem e a Sociedade*, do P^de^ ARLINDO DE MAGALHÃES RIBEIRO DA CUNHA, amigo para sempre.

Em 2019, a convite de PINTO DE ALBUQUERQUE, na altura juiz do Tribunal Europeu dos Direitos do Homem, comentei o artigo 4.º da Convenção Europeia dos Direitos Humanos, publicado, no volume I dos *Comentários*, pela Editora da Universidade Católica Portuguesa.

A Escravidão, a Dignidade e o Trabalho são matérias que *tocam*, e não seria por acédia, por falta de vontade, por ausência de interesse ou, tão só, por indiferença, que não *iria à luta*.

Pessoalmente, o esforço valeu a pena. Foi grande o prazer de escrever o que vou dizer. Quanto mais não seja, e espero que seja, é uma memória que fica quanto a alguns temas que podem ser fraturantes ou, pelo menos, inquietantes. Bem sei que, em temas deste jaez, estamos bem longe de chegarmos a consensos. *É a vida*. Mas é preciso estabelecer pontes e não construir muros, como bem insiste em dizer o Papa FRANCISCO, na sua notável intervenção pastoral. Impõe-se que se fortaleça o diálogo.

Ao pensar no que ia dizer, e ao dizer o que tinha pensado, cumpri o que a consciência me ditava, fazendo-o com pacifismo, sem afrontar, confrontar ou, muito menos, defrontar quem quer que seja. A ideia que me mobilizou, sempre presente e que a mim me basta, foi a de contribuir, qual areia do deserto, ou das praias do mar, ou uma estrela das estrelas do céu (Gen 22,1-2.92; 10–13; 15–18) para um mundo melhor, menos tumultuoso, mais justo, mais pacífico e mais solidário. Certo é que, como diz o povo, a "arraia miúda" de FERNÃO LOPES, *Presunção e água benta, cada qual toma a que quer...*

E como, segundo parece, o mais importante, pelo menos assim o escreve NUNO LOBO ANTUNES – (Porque é que os pais sabem responder a todas as perguntas, *in Trocado por Miúdos*), que secundo, é saber perguntar, comecei, uma vez mais, a questionar muitas coisas. E, depois, tentei encontrar respostas às questões formuladas, o que também não se revelou tarefa fácil e, múltiplas vezes, foi um *fiasco* ou, então, eram, tão só, hipóteses de respostas, que quase sempre o são, numa lógica do *hic et nunc* (aqui e agora), num pensamento pouco científico, porque obediente à lógica do *pluralismo*, que muito prezo, de *circulação plural de vozes*, a que muitas vezes, ou quase sempre, adiro, longe de representar a máxima que diz que *da discussão nasce a luz*, embora, por vezes, nasça… Foi o diálogo, a concertação, o consenso e a partilha que prevaleceram…

Casa de Canelas, 23 de fevereiro de 2021
1.ª Semana da Quaresma

Japoneira, ou Cameleira (assim designada no Sul) que o meu Pai me deu, e que está na Casa de Canelas.

NOTA PRÉVIA

O trabalho dá dignidade, e os responsáveis dos povos e os governantes têm a obrigação de fazer tudo a fim de que cada homem e cada mulher possam trabalhar e assim erguer a cabeça e olhar os outros com dignidade.

Quem, com manobras financeiras e para fazer negociações não totalmente claras, fecha fábricas e empresas, privando os homens do seu trabalho, comete um pecado gravíssimo.

Papa FRANCISCO[1]

O pior mal do mundo não é a pobreza dos necessitados mas a inconsciência dos abastados e dos fartos.

LEBRET[2]

---

[1] Audiência Geral, 15 de março de 2017.

[2] LOUIS-JOSEFH LEBRET foi um conhecido economista e religioso católico dominicano, francês, nascido em 1897 e falecido em 1966. Representou a Santa Sé em múltiplas conferências da ONU.

...

Morrer é só não ser visto.

FERNANDO PESSOA[3]

1. *Fome, Peste* e *Guerra* têm sido as companheiras de viagem, incómodas, horrendas, mas persistentes, da Humanidade. Que o diga o Papa FRANCISCO, nesta visita histórica de quatro dias ao Iraque quando disse, com a autoridade que lhe é reconhecida, "*que as armas se calem*". Foi importante, também, por o ter dito no berço da civilização, no país de ABRAÃO[4].

Em 1964 foi nomeado perito conciliar do Concílio Vaticano II, pelo Papa Paulo VI, tendo colaborado na redação da constituição pastoral *Gaudium et Spes* e na elaboração da Carta Encíclica *Populorum Progressio*, de que foi inspirador. A nomeação e a colaboração devem-se ao mesmo Papa Paulo VI.

Foi o criador do centro de pesquisas *Economia e Humanismo*, em 1942. Para ele "... a Economia, sendo um instrumento absolutamente necessário, tem de ser humanizado, posta ao Serviço do Homem, e não ao serviço do indivíduo e do sucesso individual". VITOR MELICIAS e JOÃO CÉSAR DAS NEVES – *Deus e o Mercado*, Alfragide, Setembro de 2020, p. 37.

[3] Que TOLENTINO MENDONÇA, *O Hipopótamo de Deus*, Paulinas, 3.ª ed., Prior Velho, 2013, p. 110, diz que deveríamos escrever... na Constituição da República e no nosso coração.

[4] De facto, Ur Kádim, cidade – estado na antiga Suméria, ou Ur, hoje Tell el-Mugayyar (ou Mughair), perto de 300 Km a sudoeste de Bagdade, é considerado o local de nascimento do profeta ABRAÃO.

O livro, escrito em plena proliferação mundial da pandemia SARS-CoV-2, é natural que tenha algumas refrações, desta catástrofe, a que ninguém está imune, sendo o exemplo flagrante da democracia da doença, *in casu*, da Covid-19, que, como diz o Papa FRANCISCO – *Fratelli Tutti* –, despertou em nós, durante algum tempo, a consciência de integrarmos uma comunidade mundial que navega no mesmo barco, onde o que de mal acontecer a um pode replicar-se em todos, acrescentando, também que ... a incerteza, o medo e a consciência dos limites que a SARS-CoV-2 despoletou fazem ressoar o apelo à renovação do pensamento sobre os nossos estilos de vida, as nossas relações, a organização das nossas sociedades bem como, e talvez sobretudo, o próprio sentido da existência humana. E estamos em crer que, ultrapassados os efeitos mais nefastos da maleita, nada ficará como dantes no que aos temas do livro diz respeito: escravidão, dignidade e trabalho terão, forçosamente, outras leituras e, sobretudo, outras práticas, não sendo caso para dizer, segundo se julga, que não ficará *pedra sobre pedra*, mas

---

Assim em *Tanakh* ou *Bíblia Hebraica*. Vide, também, a *Bíblia Católica*, Gn 12, 27-31. ABRAÃO está na origem do po-vo de Deus.

Ur, na Caldeia, era uma povoação da baixa Mesopotâmia.

A visita do Papa FRANCISCO ao Iraque decorreu dos dias 5 a 8 de março do ano de 2021.

onde não haja a cultura do descarte dos mais idosos, o que aconteceu nalgumas partes do mundo por causa do coronavírus. Lembro, nomeadamente, do *Livro do Êxodo*, em terceiro domingo de Quaresma do ano de 2021, os *Dez Mandamentos* dados por Deus a MOISÉS – Ex 20,1 – 17 – Honra pai e mãe, na versão de SANTO AGOSTINHO.

Creio ser verdade que a ideia do *sempre mais* para a população mundial tem os seus dias contados, muito embora todos queiram mais, restando saber o que é o mais de cada um. O mesmo sucede com aqueles que, segundo estudos dos economistas de Oxford, detêm uma riqueza *escandalosa*. De facto, 1% da população mundial detém a mesma riqueza dos outros 99%, e as 62 pessoas mais ricas do mundo têm o mesmo em riqueza que toda a metade mais pobre da população mundial.

Já a propósito da pandemia – e também das alterações climáticas, DAMÁSIO[5] diz que … poderá ser útil identificar prioridades e reconhecer a interdependência à medida que lidamos com a devastação que os seres humanos infligiram à terra e à sua vida, devastação essa que porventura será responsável por algumas das catástrofes com que agora nos deparamos, entre as quais a pandemia e as referidas alterações climatéricas…

---

[5] DAMÁSIO, ANTÓNIO, *Sentir & Saber, A Caminho da Consciência*, Círculo de Leitores, Lisboa, novembro de 2020, pp. 268-9.

Naturalmente que a afirmação é turbulenta e dá muito que refletir, que pensar e, porventura, é tema de especulação científica.

Este tempo, profundamente atribulado, contribuirá para uma *Casa Comum*, na linguagem do Papa FRANCISCO, mais justa, mais equilibrada, onde a justiça e a paz possam ter, mais que nunca, privilegiadas condições de ocorrência, de concretização? Não obstante os esforços para descobrir novas *casas*, como é o exemplo do Robô da NASA *Rover Perseverance*, que aterrou no Planeta Vermelho, Marte de seu nome, no passado dia 18 de fevereiro do ano de 2021, temos a obrigação indeclinável de tratar muito bem a nossa *Casa Comum* e de descobrir as necessidades de quem partilha esta Casa connosco. De resto, a exploração espacial, louvável, sem dúvida[6], faz lembrar o antigo Presidente da República Francesa, herói da 2.ª Guerra Mundial, CHARLES DE GAULLE (1890-1970), quando dizia que o Homem vai à Lua, percorre enormes distâncias, mas a maior a ser percorrida ainda está dentro de nós, no conhecimento pessoal, ou autoconhecimento, no saber quem se é…

---

[6] Não é a posição do Velho do Restelo, personagem simbólica do pessimismo, de LUÍS DE CAMÕES (1524?-1579 ou 1580), *Os Lusíadas*, canto IV, estrofes 94-104, e que representa aqueles que não acreditaram na epopeia dos Descobrimentos Portugueses.

2. Nesta despretensiosa Nota Prévia citam-se algumas pequenas perícopes do *AT* e do *NT*, que ajudarão, assim o creio, a fazer a caminhada.

I – *Antigo Testamento*

2.1. *Do Pentateuco*

2.1.1. Génesis

Gn. 4,17 *E dela (terra) só arrancarás alimento à custa do penoso trabalho.*

2.1.2. Levítico

Lv. 19, 13 – ... *o salário do jornaleiro não passará a noite em teu poder até a manhã seguinte.*

2.1.3. Números

Num. 36,30 – ... *uma só testemunha não pode, com o seu depoimento, condenar ninguém...*

2.1.4. Deuteronómio

Dt. 24,14 – ... *Não explorarás o trabalhador pobre e necessitado...*

Dt. 24,15 – ... *Dá-lhe o seu salário no próprio dia, antes do pôr do sol, porque ele é pobre e espera-o com ansiedade...*

2.2. *Livros Históricos* – C. Livro dos Reis e das Crónicas

2.2.1. Primeiro Livro dos Reis

1 Rs. 9,23 – ... *Havia quinhentos e cinquenta inspetores dos trabalhos*[7] *de Salomão, cujo encargo era vigiar os operários...*

2.2.2. Livros das Crónicas – Segundo Livro

2 Cr. 2,17 – ... *De entre eles designou setenta mil carregadores, oitenta mil contadores de pedra na montanha e três mil e seiscentos capatazes para vigiarem os trabalhadores.*[8]

2.2.3. Livros das Crónicas – Segundo Livro

2 Cr. 9,8 – ... *Salomão recrutou-os para os trabalhos forçados...*

2.3. *Livros Sapienciais*

2.3.1. Livro de Job

Jb. 7, 1-4 – *A vida do homem sobre a terra não é uma luta? Não são os seus dias como os de um assalariado? Como um escravo suspira pela sombra, e o jornaleiro espera o seu salário...*[9]

---

[7] Estes não são, claro está, os antepassados dos Inspetores do Trabalho da ACT!

[8] Um capataz por 42 homens, percentagem inferior a 1RS.5, 27-30, em que era 1 inspetor do trabalho para 47 trabalhadores.

[9] Vide MOREIRA, ANTÓNIO, *Salários em Atraso*, Porto Editora, Porto, 1986.

II - *Novo Testamento*

2.4. *Do Evangelho Segundo S. Mateus*

2.3.1. Mt. 5,37 - *Seja este o vosso modo de falar: Sim, sim; não, não*[10].

2.3.2. Mt. 10,9 - *... pois o trabalhador merece o seu sustento...*

2.3.3. Mt. 12,34 - *Porque a boca fala da abundância do coração*, citação reproduzida no Evangelho Segundo S. Lucas 2.4.1. Lc. 7,45.

III - Naturalmente que a Bíblia é um manancial inesgotável de catequese quanto aos temas do livro. Razões de equilíbrio, de espaço e de tempo, determinaram que fosse citado apenas o fundamental, o que é discutível... sobretudo quanto à essencialidade das citações. Porquê estas e não outras? A vida é feita de opções que, naturalmente, têm que ser assumidas.

---

[10] Desvaloriza-se o juramento. Lembro ANTOINE LOYSEL (1536-1617), jurista francês, quando ensinava: "*On lie les boeufs par les cornes et les hommes par paroles*". É o valor da palavra dada.

Japoneira, oferta da minha Mãe, mesmo ao lado da magnólia. Casa de Canelas.

O Mercado de Escravos, de Gustave Boulanger, representando a escravidão na Roma Antiga.

I

PARA UMA VISÃO *COMPREENSIVA* DA ESCRAVIDÃO, DA SERVIDÃO E DO TRABALHO FORÇADO OU OBRIGATÓRIO

1.
INTRODUÇÃO

A caminhada da pessoa humana, no que à dignidade, escravidão e trabalho diz respeito, além de tormentosa e tortuosa, sempre coisificou, reificou aqueles que, trucidados pela fome, careciam de se vender, *fosse para o que fosse…*, ou de alienar o seu trabalho, para sobreviverem ou, tão só, vegetarem. É o diálogo entre o *estômago vazio* e o *saco de dinheiro cheio*, a que se reporta BERNARDO XAVIER, que tem vindo a ditar a História da Humanidade, com conflitos, guerras, privações, deificando-se, no entanto, a figura do contraente mais opulento vestido nas vestes de patrão[11].

[11] Patrão vem do étimo latino *pater*, mas aquela figura, ao longo da História, e salvo exceções pontuais, nunca revestiu as vestes e as qualidades de um pai. De resto, na sua sabedoria popular, o povo, a *arraia miúda* a que se reporta o cronista mor do Reino FERNÃO LOPES, passou a chamar *tratante* ao contraente da relação de trabalho que ostenta esta posição, e que quer dizer pessoa que trata ou procede de má fé. Afastando os extremismos, só invocados para ver a *origem das coisas*, o *zag warum*, por vezes, de facto, muitas vezes mesmo, o *tratante* empregador, deificado, impunha as condições contratuais laborais de acordo com o seu livre alvedrio. E isto já em fase avançada da História. Propriedades, dinheiro, eram poder, e poder arbitrário. *E hoje*?!

A opção por fazer esta referência, logo na abertura do trajeto, despretensioso, traduz a perspetiva do autor em relação ao trabalho, assumindo posição de isenção e imparcialidade no seu tratamento, mas não de neutralidade, em tema que é portador de tantas histórias e paixões que têm vindo a marcar o passo e o compasso de uma História fratricida. Desenhado o trajeto, ver-se-á o projeto e a obra, inacabada, certamente[12]... Neste domínio, de facto, a construção é uma constante...

1.1. Com o lançamento das bombas nucleares[13] em Hiroshima e Nagasáqui, em 1945, a 2.ª Guerra Mundial, já com acordo de rendição da Alemanha nazi em 8 de maio desse ano, estava *condenada* a chegar ao seu termo natural, com a rendição, em 15 de agosto, do Império do Japão, com todos os horrores que dela advieram e com a noção

---

[12] A fazerem lembrar as Capelas Imperfeitas, no Mosteiro da Batalha, no panteão de D. Duarte, por detrás da cabeceira da Igreja e em alinhamento com a capela-mor.

Iniciadas no primeiro ano do seu reinado, em 1434, estão, ainda, inacabadas. Daí a designação.

Para o inacabado usa-se, também, a expressão Obras de Santa Engrácia, hoje o Panteão Nacional, designação popular a propósito de uma história de amor entre a freira Violante e um tal Simão.

[13] Bomba atómica, a primeira, e termonuclear, ou de plutónio, a segunda, no Japão, em 6 e 9 de agosto de 1945, respetivamente, por ordem de HARRY TRUMAN, Presidente dos Estados Unidos da América.

embora adotados, respetivamente, em 10 de dezembro de 1948 e em 16 de dezembro de 1966, apenas passaram a integrar a ordem jurídica portuguesa, respetivamente, em 9 de março de 1978, 15 de setembro de 1978 e 31 de outubro, também, de 1978. De facto, até então os ventos não corriam de feição[19]. Assim, juntamente com a DUDH, Portugal não teve condições da sua absorção, ou, com mais rigor, da sua incorporação na ordem jurídica interna antes da democratização do regime, o que viria a concretizar-se, depois do Movimento Revolucionário de 25 de Abril de 1974, com a entrada em vigor, no dia 25 de abril de 1976, da Constituição da República Portuguesa.

Ora, dos Pactos por último referidos, e com importância nos temas que nos ocupam, importa referir:

No PIDESC, o artigo 6.º, referindo o *direito ao trabalho*, tem alguma conexão com os temas em apreço quando refere "... o direito de toda a pessoa ter a oportunidade de ganhar a vida através de um *trabalho livremente escolhido ou aceite*..."[20]. Já o artigo 8.º do PIDCP tem redação mais próxima à do artigo 4.º da CEDH. Vejamos:

[19] O Estado Novo Corporativo, de OLIVEIRA SALAZAR, *em fim de linha*, nunca encarou com boa vontade, quer os direitos coletivos fundamentais dos trabalhadores, quer os direitos civis e políticos.

[20] Itálico nosso. Já o artigo 7.º, alínea a), ii, refere "... as condições de vida dignas..." E, na alínea d) concretiza "O descanso, usufruir de tempo livre, a limitação razoável das horas de trabalho e férias periódicas pagas, assim como a remuneração dos dias feriados".

de que o mundo era *um mundo outro*[14]. Prescindindo, por ora, de outras considerações, deve dizer-se que uma das suas irradiações foi a criação do Conselho da Europa, cujos Estatutos são datados de 5 de maio de 1949 e estão depositados no Governo do Reino Unido. Do seu Preâmbulo destacaria dois *considerandos*, a saber:

- "Persuadidos de que a consolidação da paz fundada na justiça e na cooperação internacional é de um interesse vital para a preservação da sociedade humana e da civilização";
- "Reafirmando a sua adesão aos valores espirituais e morais, que são o património comum dos seus povos e que estão na origem dos princípios da liberdade

[14] Como gostava de dizer, e dizia, nas suas homilias, o Bispo Emérito de Setúbal, D. MANUEL DA SILVA MARTINS, *desaparecido*, em 24 de setembro de 2017, do nosso convívio. Ele, insigne humanista, considerado o *Bispo Vermelho* quando, por incumbência do Bispo do Porto, D. ANTÓNIO FERREIRA GOMES, após o regresso do exílio, foi colocado na nova diocese de Setúbal em 16 de julho de 1975, em pleno *Verão Quente*. Foi ordenado Bispo em 26 de outubro do mesmo ano, e permaneceu na Diocese até 24 de abril de 1998, onde teve uma obra notável. Era doutor *honoris causa* pela Universidade Lusíada do Porto, tendo o privilégio de com ele privar múltiplas vezes. São também doutores *honoris causa*, pela Universidade Lusíada, outras figuras da Igreja Católica: Cardeal D. SARAIVA MARTINS, Arcebispo de Braga, D. JORGE ORTIGA, e o Bispo Emérito de Díli, e Prémio Nobel da Paz em 1996, D. XIMENES BELO.

individual, da liberdade política e do primado do Direito, sobre os quais se funda qualquer verdadeira democracia..."

Pode dizer-se, avançando, que o instrumento jurídico por excelência do Conselho da Europa é a *Convenção para a proteção dos Direitos do Homem e das Liberdades Fundamentais*, mais conhecida, *brevitatis causa*, por *Convenção Europeia dos Direitos Humanos*[15]. E desta, importa-nos o artigo 4.º, com a epígrafe "Proibição da escravatura e do trabalho forçado".

1.2. Assume uma importância evidente nos temas que nos ocupam o artigo 4.º da CEDH[16], com inequívoca inspiração no artigo 4.º da *Declaração Universal dos Direitos Humanos*, de 1948, artigo que não tem epígrafe, e que estatui que "Ninguém será mantido em escravidão

[15] Além da razão apontada, milita em favor da designação abreviada o *nomen iuris* como é vulgarmente conhecida. A *Convenção* foi adotada em 4 de maio de 1950, tendo entrado em vigor na ordem jurídica internacional a 3 de setembro de 1953 e, na ordem jurídica portuguesa, a 9 de novembro de 1978. Por economia, de tempo e de espaço, prescindo de referir datas de adoção, de vigência na ordem jurídica internacional e na ordem jurídica interna dos diversos *Protocolos* adicionais.

[16] Sigla perfeitamente sedimentada, além do mais, nos meios jurídicos e académicos.

ou em servidão: a escravidão e o trato dos escravos, sob todas as formas, são proibidos".

Do cotejo, sincopado, do artigo 4.º da DUDH com o artigo 4.º da CEDH resulta o carácter mais enfático e mais propositivo do segundo, ao mesmo tempo que parece ir mais longe, na sua vertente exegética, gramatical, textual ou filológica quando, no número 2, refere a proibição do trabalho forçado ou obrigatório, que não se confunde, nem subsume, longe disso, nos conceitos de escravidão ou de servidão. Deve dizer-se que, a tudo isto, que não é *coisa pouca*, acresce que o número 3 do artigo, ao densificar o que não é trabalho forçado ou obrigatório, em aparente sinonímia que, para os mais incautos, poderia levantar algumas dúvidas, clarifica, pela negativa, o conceito subjacente ao comando da norma do número 2[17].

1.3. Deve acrescentar-se, clarificando, que a *Declaração Universal dos Direitos do Homem*, o *Pacto Internacional sobre os Direitos Civis e Políticos* e o *Pacto Internacional sobre os Direitos Económicos, Sociais e Culturais*[18], muito

[17] *Vide CN v. Reino Unido*, §65, e *Stummer v. Áustria* [GC §116. Diz-se, aí, que o n.º 3 do artigo 4.º não se destina a "limitar" exercício do direito garantido pelo n.º 2, mas a "delimitar" o próp conteúdo desse direito, formando um todo com o n.º 2.

[18] E que constituem a *Carta Internacional dos Direitos Hum* - CIDH.

"1. Ninguém será submetido à escravidão; a escravidão e o tráfico de escravos, sob todas as formas, são interditos.

2. Ninguém será mantido em servidão.

3. :

a) Ninguém será constrangido a realizar trabalho forçado ou obrigatório;

b) A alínea a) do presente parágrafo não pode ser interpretada no sentido de proibir, em certos países onde crimes podem ser punidos de prisão acompanhada de trabalhos forçados, o cumprimento de uma pena de trabalhos forçados, infligida por um tribunal competente;

c) Não é considerado como trabalho forçado ou obrigatório no sentido do presente parágrafo:

i) todo o trabalho não referido na alínea b) normalmente exigido de um indivíduo que é detido em virtude de uma decisão judicial legítima ou que tendo sido objeto de uma tal decisão é libertado condicionalmente;

ii) todo o serviço de caráter militar[21] e, nos países em que a objeção por motivos de cons-

---

[21] A *conscrição* ou *serviço militar obrigatório* pode levantar problemas quanto à retribuição e ao mínimo necessário a uma vida decente, à luz do artigo 4.º, número 3, alínea b) da CEDH.

ciência é admitida, todo o serviço nacional exigido pela lei dos objetores de consciência;

iii) todo o serviço exigido nos casos de força maior ou de sinistros que ameacem a vida ou o bem-estar da comunidade;

iv) todo o trabalho ou todo o serviço formando parte das obrigações cívicas normais".

1.4. Para uma visão mais compreensiva do artigo 4.º da CEDH importa referir a *Carta dos Direitos Fundamentais da União Europeia*, adotada em 7 de dezembro de 2000, e em vigor na ordem jurídica portuguesa desde 1 de dezembro de 2009, que teve o mérito de aglutinar, num único documento, os direitos fundamentais de diferentes instrumentos normativos, como as convenções internacionais do Conselho da Europa, das Nações Unidas e da Organização Internacional do Trabalho.

Assim, depois de afirmar enfaticamente, no artigo 1.º, que "A dignidade do ser humano é individual. Deve ser respeitada e protegida", acrescenta no artigo 5.º, com a epígrafe *Proibição de escravidão e do tráfico de escravos:*

"1. Ninguém pode ser sujeito a escravidão e a servidão.

2. Ninguém pode ser constrangido a realizar trabalho forçado ou obrigatório.
3. É proibido o tráfico de seres humanos"[22].

À primeira vista, no artigo 4.º da DUDH e no n.º 1 do artigo 4.º da CEDH usa-se o verbo *manter*: "ninguém pode ser *mantido*"[23]. Já no n.º 1 do artigo 5.º da CDFUE o verbo utilizado é *sujeitar*: "... ninguém pode ser *sujeita*". Ora, *manter* e *sujeitar* não têm o mesmo significado: o primeiro apela e traduz uma situação continuativa, uma obrigação *in itinere*, enquanto que *sujeitar* postula situação nova. A ser assim, o que traduzimos com reservas, o alcance das normas parece não ser exatamente o mesmo.

Já o n.º 2 do artigo 5.º da CDFUE e o n.º 2 do artigo 4.º da CEDH têm redação simétrica, o que aponta para interpretação uniforme, densificando-se a interpretação

[22] Veja-se o tráfico de seres humanos em Portugal, a propósito dos trabalhos nas colheitas e na apanha de fruta, em múltiplos municípios, situações denunciadas em abril e maio do ano de 2021. Trabalhadores em escravidão, com condições de trabalho e de alojamento inimagináveis, sobretudo homens. Nepaleses, indianos e de várias outras nacionalidades são vítimas da *febre do oiro* de pseudo empresas de trabalho temporário e de reais traficantes de mão de obra, de seres humanos.

[23] Itálicos nossos. Também todas as traduções são da nossa responsabilidade.

do primeiro com os acervos do segundo, e que constam do seu n.º 3[24].

1.5. Antes de avançar, convém tecer algumas considerações de enquadramento.

Assim, na sequência das duas Guerras Mundiais do século passado, houve o reconhecimento normativo de algumas causas que, além do mais, deveriam ser valorizadas para se evitarem futuros flagelos do mesmo tipo. Assim, o Tratado de Versalhes[25], foi um tratado de paz que, oficialmente, deu por terminada a Primeira Guerra Mundial. Ora, a Parte XIII, na estrutura do Tratado, é a Constituição da Organização Internacional do Trabalho - artigos 387.º a 399.º.

Diz-se, no seu *Preâmbulo,* o seguinte:

> "... *Só se pode fundar uma paz universal e duradoura com base na justiça social...*"

---

[24] Julgo que a utilização, no n.º 2 do artigo 4.º da CEDH, do artigo indefinido "um" é uma excrescência que, no bom português, pode e deve ser eliminada.

[25] Assinado em 28 de junho de 1919, em Paris, e que entrou em vigor no dia 1 de janeiro do ano seguinte, foi celebrado entre os Aliados e Potências, de um lado, e a Alemanha, do outro, e cujo depositário é o Governo francês.

"... Existem condições de trabalho que implicam, para grande parte das pessoas, a injustiça, a miséria e as privações, o que gera um descontentamento tal que a paz e a harmonia universais são postas em risco..."

"É urgente melhorar essas condições: por exemplo, relativamente à regulamentação das horas de trabalho, à fixação máxima do dia e da semana de trabalho..."

Por sua vez, a Declaração de Filadélfia, de 10 de maio de 1944, em plena Segunda Guerra Mundial, teve o objetivo de reafirmar os objetivos da OIT e de adaptar os seus princípios orientadores "... às novas realidades e às novas aspirações despertadas pelas esperanças de um mundo melhor..." Em 1946, na Conferência Geral de Montreal, foi anexada à Constituição da OIT, integrando o artigo 1.º. De cariz mais laboral que a Constituição originária, consequência, em boa medida, da intervenção dos sindicatos dos EUA e da Europa Ocidental, dela deve destacar-se:

"... O trabalho não é uma mercadoria..."

"A participação... de todos nos frutos do progresso em termos de salários e de ganhos, de duração do trabalho..."

"... A penúria, seja onde for, constitui um perigo..."

Ora, é sabido que o trabalho forçado bem como a moderna escravidão continuam a ser um desafio importante à paz no nosso século. Principais causas da pobreza e obstáculos horrendos ao salutar desenvolvimento económico, representam, sobretudo, a violação de direitos humanos fundamentais.

A OIT tem vindo, desde os seus primórdios, a dedicar a tão importante matéria parte da sua atividade legislativa. É o caso, nomeadamente, dos seguintes instrumentos normativos:

- Convenção n.º 29, sobre o Trabalho Forçado, de 1930;
- Convenção n.º 105, sobre a Abolição do Trabalho Forçado, de 1957;
- Protocolo à Convenção sobre o Trabalho Forçado, de 2014;
- Recomendação sobre Trabalho Forçado - medidas complementares - 2014.

Deve enfatizar-se o facto de que a reiterada e sucessiva proibição da escravidão, da servidão e do trabalho forçado ou obrigatório postula que se formule a pergunta de saber qual a razão de ser de tantas preocupações normativas: *legal pollution*? Ou a realidade mostra-se avessa às referidas proibições?! *Faz-se de conta* que, em termos normativos, pouco ou nada existe. Eternos especialistas no esquecimento e incumprimento das normas que não salvaguardam os nossos interesses, do mesmo passo que reivindicamos o cumprimento daquelas que tutelam os nossos direitos... Estranha Humanidade esta... Não quero crer que se tenha enveredado pela *equivocidade dolosa do legislador* de que hoje, sobretudo a nível interno, tanto se fala...

Travas ou peias, próprias de escravos.

2.
ESCRAVATURA E SUA ABOLIÇÃO

A Escravidão é conhecida através da História, e esta nasceu com o grego HERÓDOTO (485-425 a.C.), que escreveu nove livros a que chamou *Inquéritos* (*História*). Mas foi TUCÍDEDES (460-400 a.C), praticamente coevo, quem, com a *Guerra do Peloponeso,* iniciou cientificamente a História moderna, com o relato dos acontecimentos relevantes do passado.

IRENE FLUNSER PIMENTEL[26], respondendo à pergunta para que serve a História, enfatiza e enaltece a repercussão dos factos passados no presente e no futuro, relacionando o passado com os dias de hoje e com os que estão para vir. A História auxilia a ver aquilo que no nosso tempo se arrisca a ser uma repetição sinistra do passado, ajudando a permanecer vigilante. De facto, PIMENTEL diz que todos somos moldados por aqueles que nos precederam, o que nos é propiciado pelo conhecimento da

[26] Para que serve a História, *in Trocado por Miúdos*, Porto Editora, Porto, 2013, pp. 41-44.

História, situação que faculta o nosso autoconhecimento como seres humanos.

Vejamos, então.

2.1. A escravatura era comum em muitas sociedades antigas[27]. A *sorte* para as populações conquistadas em guerras, quando se era saudável, era ser vendido como escravo. A falta de saúde ou a deficiência, qual quadrúpede equídeo, determinava, pela natureza das coisas, o seu passamento por inutilidade, *o seu abatimento*. Seguindo de perto SANTOS JUSTO[28], deve dizer-se que parece não ser muito correto considerar o escravo como um homem que é propriedade de outro, uma vez que há escravos sem dono, e que os escravos, com origem nas guerras e nas conquistas e, depois, no nascimento,[29] são as pessoas que não gozam de liberdade e que têm por missão e obrigação servir homens livres. Considerado, inicialmente, uma coisa – *res*, o escravo evolui para a condição de homem

[27] Incluindo Grécia, Roma, Israel e China.

[28] JUSTO, ANTÓNIO DOS SANTOS – *Direito Privado Romano – I, Parte Geral*, Coimbra Editora, Coimbra, 2017, pp. 115 e ss.

[29] Filho de escravo é escravo. A verdade, no entanto, é que a guerra foi sempre a grande fonte da escravatura. Cfr. LÉRY-BRUHL, *Théorie de l' Esclavage, Révue Generale du Droit de la Legislation et de la Jurisprudence*, 55, 1931, p. 156: "*La seule source originaire véritable de l' esclavage est donc la guerre ou la piraterie*".

– *homo*[30] – sem direitos, mas com limitações impostas ao *dominus*, nomeadamente quanto à sua entrega para luta até à morte com as feras, ao abandono de escravos doentes e ao comércio para fins imorais. Finalmente, o escravo passa a gozar de personalidade jurídica no âmbito das relações religiosas e funerárias. OLIVEIRA ASCENSÃO[31] diz que os escravos não tinham capacidade jurídica já que eram objetos, muito embora, por vezes, devido à sua condição humana, e como se disse, houvesse alguns desvios positivos.

2.2. É nosso entendimento, e parece teoria pacífica, que quanto mais recuamos no tempo mais bem podemos compreender o presente e perspetivar o futuro. Nesta linha, vamos desenvolver um pouco mais a situação da escravatura no Direito Romano.

MARIANA MORANCHEL POCATERRA[32] precisa que no Direito Romano, a qualidade de pessoa física era atribuída aos seres humanos que reunissem certos requisitos, ou seja, deveriam ser homens livres, cidadãos

[30] *D*. 48.8.11.2

[31] ASCENSÃO, JOSÉ DE OLIVEIRA, *O Direito, Introdução e Teoria Geral*, 10.ª ed., Almedina, Coimbra, 1997, p. 130.

[32] *Compendio de Derecho Romano*, Unidad Cuajimalpa, México, 2017, pp. 42-43.

romanos *ipso iure*, isto é, que possuíam o *status libertatis*, o *status civitatis* e o *status familiae*.

Já quanto à existência humana, de acordo com o *D.* 50.16.129, isto é, para ter personalidade jurídica, a pessoa tinha de nascer viva e ser viável[33]. Para comprovar a viabilidade, o recém nascido tinha de emitir um som. Já JUSTINIANO considerou suficiente qualquer movimento do corpo. Era forçoso[34], ainda, que tivesse forma humana.

A divisão suprema entre homens – *summa divisio hominum* – era a dos homens livres e a dos escravos.

Já quanto às fontes de escravatura havia que considerar:

- *Ius gentium*
- Cativeiro numa guerra com o inimigo;
- Nascimento de mãe escrava durante todo o período de gravidez.
  (*D.* 1.5.5.2)

[33] Os Códigos Civis referiam nascimento completo, com vida e com figura humana. Assim já não se passava com o Código Civil do Visconde de Seabra, de 1867, inspirado no Código Civil Napoleónico, de 1804, aprovado por Carta de Lei de 1 de julho de 1867 e que entrou em vigor em 22 de março de 1868, no reinado de D. Luís I. O Visconde de Seabra foi Ministro, Juiz-Conselheiro do Supremo Tribunal de Justiça e Reitor da Universidade de Coimbra.

[34] *D.* 1.5.14.

- *Ius civile*
- Segundo a Lei das Doze Tábuas:
- Não inscrição no censo (*incensus*);
- Não pagamento de impostos;
- Não alistamento para o exército (*infrequens*);
- Condenação no crime de roubo em flagrante;
- Por dívidas de caráter civil (abolido em 326 a.C. pela *Lex Poetelia Papiria*).
- Segundo o Direito pós-clássico:
- Homem livre que se deixava vender como escravo;
- Mulher livre que tivesse relações sexuais com escravo alheio sem autorização do dono;
- Condenado a trabalhar nas minas ou a ser atirado às feras.

Quanto à condição jurídica de escravo:

- O escravo é considerado uma coisa (*D*.4.5.3.11); no entanto, é-lhe reconhecida natureza humana, gozando de alguns direitos religiosos, como já se disse, nomeadamente quanto às honras funerárias;
- O escravo estava inibido de contrair casamento;
- Não tinha direitos patrimoniais;
- Pelos prejuízos causados ao seu patrão este poderia reagir como em relação a qualquer outra coisa.

Com o decurso do tempo, e no âmbito do Direito Romano, o escravo viu limitados os direitos do seu proprietário. Assim:

- Pela *Lex Petronia* (19 a.C.), era necessária a autorização judicial para que o escravo fosse lançado às feras - *D.* 48.8.11.2;
- Pelo *Édito de Cláudio* (41-54) foi proibido o abandono de escravos doentes ou velhos;
- Pelo *Édito de Domiciano* (81-96) era estabelecida uma pena pecuniária ao proprietário de escravo no caso da sua castração;
- *Antonino Pio* (136-161) equiparou o homicídio de um escravo ao de um homem livre (Gayo 1.53);
- *Justiniano* (527-565) estabeleceu que o abandono de um escravo convertia-o em homem livre.

Finalmente, a extinção da escravatura poderia resultar da lei, da morte ou da vontade do proprietário - *manumissio*.

2.3. Com os ventos libertadores das revoluções burguesas, de que a francesa foi emblemática e paradigmática, tendo como pano de fundo, a *Declaração Universal dos Direitos do Homem e do Cidadão*, que proclamou, logo no artigo 1.º, que "*todos os homens nascem livres e iguais em direitos*", rapidamente os países ocidentais consagram, em termos mais ou menos compreensivos, com âmbito de eficácia mais ou menos aberto, a abolição da escravatura.

Portugal[35], na sequência dos Descobrimentos, iniciou o comércio de escravos em África, em pleno Renascimento, facto louvado pela *Cristandade*[36].

Depois de várias intervenções legislativas, de 1836, 1854 e de 1856, Portugal, por um diploma legal de 25 de fevereiro de 1869, diz que "*Fica abolido o estado de escravidão em todos os territórios da monarquia portuguesa, desde o dia de publicação deste decreto*"[37].

2.4. Espanha - Em 1837 foi promulgada a abolição da escravidão no território metropolitano, mas não nos territórios do ultramar, onde a presença de escravos era significativa.

---

35 Há muita polémica, que não vem ao caso, sobre o papel do MARQUÊS DE POMBAL na abolição da escravatura no ano de 1761. O que parece é que, por meio de um alvará publicado nesse ano, foi proibido o transporte de escravos para o Reino de Portugal.

36 MIGUEL ÂNGELO, na cena *Resgate dos Escravos*, na parede principal da Capela Sistina, no Vaticano, coloca Portugal com um rosário onde puxa a África e a Ásia.

37 Rei D. Luís, Diário do Governo, 25 de fevereiro de 1869.

França – Após a Revolução Francesa, na Convenção Nacional de 4 de fevereiro de 1794, é atribuída a cidadania aos homens negros livres, com a declaração de abolição da escravatura na metrópole, o que não se aplicou às colónias.

Reino Unido – Com o *Slavery Abolition Act* de 1833, do Parlamento britânico, entrado em vigor no ano seguinte, procede-se à abolição da escravatura em Inglaterra e em todas as colónias britânicas.

EUA – Em 1865, com o termo da Guerra da Secessão dos Estados Unidos da América, o Presidente ABRAHAM LINCOLN fez aprovar a 13.ª Emenda à Constituição nos termos da qual não haveria, nos EUA ou em qualquer lugar sujeito à sua jurisdição, nem escravidão, nem trabalhos forçados, salvo como punição de um crime pelo qual o arguido tivesse sido devidamente condenado.

Diga-se, ainda, que o tráfico de escravos estava proibido desde 1815, mas continuou até 1860, o que confirma, mais uma vez, que uma coisa é a *law in the books* e outra, por vezes bem diferente, a *law in action*. O compromisso prático com a escravidão nos estados do norte, pode dizer-se, como curiosidade, que se esfuma com a publicação, em 1852, do livro de HARRIET Beecher Stowe – *Uncle Tom's Cabin – A Cabana do Pai Tomás* (o romance mais vendido do século XIX e o segundo livro mais vendido do século XX, logo depois da Bíblia). Mas o orgulho pela *plantation* sulista, bem como a posse de escravos, como observa TOCQUEVILLE[38], ligados como estão à escravatura, conduzem à compreensão da Guerra Civil Americana[39].

---

[38] TOCQUEVILLE, ALEXIS, (1805-1859), oriundo de uma abastada família aristocrática normanda, foi um historiador, escritor e político francês. *Da Democracia na América*, trad. Miguel Serras Pereira, Relógio d'Água, Lisboa, 2008.

[39] EDWARD BAPTIST, *The Half Has Never Been Told: Slavery and The Rise of American Capitalism*, Basic Books, New York, 2014.

Símbolo de ausência de liberdade.

3.
TRABALHO DIGNO E TEMPO DE TRABALHO NA DOUTRINA SOCIAL DA IGREJA

Os Padres da Igreja são os primeiros a combater a injustiça e a indignidade da escravidão, entenda-se, do trabalho escravo, bem como a subjugação dos povos não europeus na África, na Ásia e na América[40].

Deve dizer-se, porém, que até ao século XIX, além de casos pontuais, houve uma estranha convivência da Igreja com a escravatura, a servidão e o trabalho forçado,

---

[40] Nessa mesma orientação podem referir-se alguns Papas, como:

- EUGÉNIO IV, com a Bula *Sieu Dudum*, que, em 1435, ordena a restituição à liberdade dos nativos das Ilhas Canárias;
- PIO II, que, em 1462, dá instruções aos Bispos contra o tráfico de negros provenientes da Etiópia;
- LEÃO X, quando, em 1520, verbera os reinos de Portugal e Espanha pelo tráfico de escravos;
- PAULO III, com a Bula *Sublimus Dei*, de 29 de maio de 1537, onde afirma que os índios são homens, capazes de compreender a fé cristã, condenando explicitamente a escravidão. Também na Bula *Veritas Ipsa*, de 9 de junho de 1537, o Papa, conhecido por ter convocado o Concílio de Trento em 1545, condena aqueles que tratam os índios como animais brutos, em dura servidão e opressão, só comparáveis às que praticam com as suas bestas.

custando a crer que a Igreja tenha demorado tanto tempo a condenar energicamente a escravatura.

3.1. O primeiro Papa que declarou fim à escravatura foi LEÃO XIII, com a Carta Encíclica *In Plurimis*, dirigida aos bispos brasileiros para apoiarem o Imperador D. PEDRO na luta pela abolição definitiva da escravatura. E, com esta Carta Encíclica, LEÃO XIII coloca a Igreja na linha da frente nesta luta de gigantes.

Mas é com a Carta Encíclica *De Rerum Novarum*[41] que o Papa LEÃO XIII deixa ficar a sua marca indelével sobre o trabalho humano. Assim, no ponto 13, sobre *Dignidade do Trabalho*, diz o Papa que "... a pobreza não é um opróbio e que não se deve corar por ter de ganhar-se o pão com o suor do seu rosto..." E acrescenta, um pouco mais à frente, "... que a verdadeira dignidade do homem e a sua excelência reside nos seus costumes, isto é, na sua virtude...", apelando não ao confronto, aos *muros*, mas à *construção de pontes*, como hoje sói dizer-se, para a verdadeira conciliação de duas classes sociais, que só poderia suportar-se na *dignidade* do trabalho humano, longe dos muros da *escravidão*.

---

[41] 15 de maio de 1891, pp. 97-144, *Das Coisas Novas* ou *Sobre a Condição dos Operários*.

No ponto 22 da Carta Encíclica, LEÃO XIII diz, também, que "O trabalho muito prolongado e pesado e uma retribuição mesquinha dão... aos operários ocasião de greves..." aconselhando que se removam "... a tempo as causas de que se prevê que hão-de nascer os conflitos entre os operários e os patrões", isto é, as greves, consideradas como um crime pela legislação liberal, nomeadamente pelo Código Penal Português de 1852[42].

3.2. A Carta Encíclica *Quadragesimo Anno*, (1931), do Papa PIO XI, de 15 de maio de 1931, publicada exatamente quarenta anos depois da Encíclica de LEÃO XIII *De Rerum Novarum*, surge como resposta, também, à *Grande Depressão*, ocorrida dois anos antes, em 1929. De facto, a grave crise económica de 1929, também com o *nomen* a

---

[42] Segundo PIERO CALAMANDREI, a greve poderia ser um facto socialmente *danoso*, *indiferente* ou *útil*, assim sendo classificada como *greve-delito* (galicismo), *greve-liberdade* ou *greve-direito*.

Deve clarificar-se que não é apenas na perspetiva da evolução histórica que a subsunção numa das três classificações deve ser feita. De facto, a greve, nos dias que correm e no nosso ordenamento jurídico, constituindo, em geral, o exercício de um direito, pode representar o exercício de uma liberdade ou traduzir, mesmo, a prática de um crime.

Já quanto à evolução histórica em Portugal, a classificação foi a seguinte: 1852-1920 – crime; 1910-1926 – direito; 1926-1933 – liberdade; 1933-1974 – crime; 1974 em diante – direito.

Grande Depressão, como se disse, com o *crash* da bolsa, conhecido como a quinta feira negra, só terminou com a II Guerra Mundial. Na Carta Encíclica, Pio XI, depois de uma doutrina incisiva sobre a colaboração das classes operárias e patronais, em contraposição ao conflito de classes, ultrapassando as doutrinas liberais que negavam o direito de associação, na lógica da máxima "*qui dit contractuel dit juste*", o Papa enaltece e galvaniza, no ponto 2, os direitos sagrados do operário, provenientes da sua *dignidade* de homem. Acrescenta que o *trabalho* não é "... um simples género comercial...", devendo reconhecer-se nele a *dignidade* humana do operário e que não possa permutar-se como qualquer mercadoria. Apelando à lei da justiça e da caridade, o Papa PIO XI não condena a riqueza terrena, desde que a fortuna seja justa, *nem a considera desconforme com a dignidade humana, se não for conseguida à custa da indignidade.*

3.3. A primeira Carta Encíclica do Papa S. JOÃO PAULO II, *Redemptor Hominis*, está datada de 4 de março de 1979. Nela, o Papa, no ponto 15, interroga de onde vem o medo do homem contemporâneo, avançando com a resposta de que a ameaça que sobre ele incide advém daquilo que o homem produz, do resultado do trabalho das suas mãos e da sua inteligência. E diz:

"O homem... cada vez mais vive com medo... teme que os seus produtos, naturalmente não todos e não na maior parte, mas alguns e precisamente aqueles que encerram uma especial porção da sua genialidade e da sua iniciativa, possam ser voltados de maneira radical contra si mesmo... Teme que eles possam tornar-se meios e instrumentos de uma inimaginável autodestruição..."

Mais à frente, S. JOÃO PAULO II, referindo o predomínio da técnica, pergunta se ela se torna mais digna do homem, se está consciente da *dignidade* da sua humanidade, considerando que todos "... com absoluta lealdade, objetividade e sentido de responsabilidade moral..." devem colocar as questões essenciais quanto à situação do homem, hoje e no futuro[43].

Trata, ainda, da febre da inflação e da praga do desemprego, desconformes à autêntica *dignidade* do homem. E conclui que o bem comum, que a autoridade do Estado serve, só é atingido quando todos os cidadãos estiverem seguros dos seus direitos e que a paz se reduz ao respeito pelos direitos invioláveis do homem, sendo a

[43] MENDONÇA, JOSÉ TOLENTINO, in *O Pequeno Caminho das Grandes Questões*, Quetzal Editora, Lisboa, 2017, p. 70, depois de considerar que não conseguimos dizer para onde caminhamos, conclui que "... sobressai, de forma cada vez mais nítida, o uso das tecnologias e o custo humano que lhe está associado, sobre os quais ainda refletimos pouco".

paz um efeito da justiça, a guerra nasce com a violação desses direitos.

3.4. Já na Carta Encíclica *Laborem Exercens*[44], considerada o Evangelho do Trabalho, datada de 14 de setembro de 1981, S. JOÃO PAULO II, destacando a *dignidade* específica do homem, considera a velhice do trabalho, "tão antigo quanto o homem e a sua vida sobre a face da terra", comendo o homem o pão com o suor do seu rosto, e discorre sobre os novos significados do trabalho humano e as novas tarefas que se deparam a todos os homens.

Referindo o nonagésimo aniversário da Carta Encíclia *De Rerum Novarum*, preocupa-se com os avanços tecnológicos, concluindo que irão ter refrações no mundo do trabalho e da produção em escala maior que a revolução industrial do século XIX. Alude à "*vergonhosa e indigna miséria*" em que vivem milhões de pessoas e a esperança de que, não obstante o desemprego tecnológico, o saldo possa ser positivo.

O Papa enaltece a *dignidade* do trabalho braçal, considerando o trabalho um bem do homem, um bem árduo - *bonum arduum,* na terminologia de S. TOMÁS

---

[44] (1981), pp. 577-647.

DE AQUINO[45]. E depois de escrever sobre a "... virtude da laboriosidade...", continua com preocupações para evitar "... que no trabalho, mediante o qual a matéria é nobilitada, o próprio homem não venha a sofrer uma diminuição da sua *dignidade*. E é neste contexto que S. JOÃO PAULO II alude às múltiplas formas de usar o trabalho contra o homem, com o recurso ao sistema dos *trabalhos forçados*, da exploração e opressão, por diversas formas, do homem no trabalho, com a sua inerente degradação.

Finalmente, o Papa, referindo o perigo do desemprego e a necessidade de uma planificação global, alude à imperiosa colaboração internacional, considerando o trabalho humano "... um direito fundamental de todos os homens, trabalho que dá a todos aqueles que trabalham direitos análogos, de tal maneira que o nível de vida dos homens no trabalho, nas diversas sociedades, seja cada vez menos marcado por aquelas diferenças chocantes que, com a sua injustiça, são suscetíveis de provocar violentas reações". E conclui que o progresso, a este nível, tem de assentar num espírito de justiça e de paz, devendo haver

---

45 Frade católico italiano da Ordem dos Pregadores (dominicano) (1225-1274), é autor, de entre outras obras relevantes, da *Suma Teológica*, uma das principais obras da escolástica. Para o Papa Pio XI, *esta obra é o céu visto da terra.*

uma "... revalorização contínua do trabalho humano... sob o aspeto da *dignidade* do sujeito de todo o trabalho, que é o homem". Conclui, apelando ao "... respeito cada vez mais universal dos direitos a ele inerentes, em conformidade com a *dignidade* do homem, sujeito do trabalho".

3.5. Na carta encíclica *Sollicitudo Rei Socialis*, de 1987, o Papa S. JOÃO PAULO II diz que ...os cultores da ciência económica, os operadores do setor e os responsáveis políticos devem advertir para a urgência de se repensar a Economia, considerando, por um lado, a dramática pobreza material de milhões de pessoas e, por outro, o facto de que as atuais estruturas económicas, sociais e culturais sentem dificuldade em assumir um autêntico progresso. E conclui com uma afirmação muito enfática: "... isto não pode continuar assim. É preciso mudar".

3.6. No centenário da *Rerum Novarum*, S. JOÃO PAULO II publica, em 1 de maio de 1991, a Carta Encíclica *Centesimus Annus*[46] onde, no ponto 1, traça as características da *Rerum Novarum*, no grande movimento empenhado na defesa da pessoa humana e na tutela da

---

[46] (1991), pp. 793- 867.

sua *dignidade*, na severa condenação da luta de classes, no conflito que opunha, quase como "lobos", o homem ao próprio homem[47] e na ideia de que a paz se edifica sobre o fundamento da justiça.

S. JOÃO PAULO II parte, depois, no ponto II, rumo às "Coisas Novas". Desde logo, à garantia do respeito de horários de trabalho *humanos* e do adequado direito ao repouso, a que acresce o verdadeiro direito de exprimir a personalidade do trabalhador em contexto e no lugar de trabalho. Apela, depois, a que o Estado, de acordo com o princípio da solidariedade e de uma forma direta coloque "... em defesa do mais débil, algumas limitações à autonomia das partes[48], que decidem as condições de trabalho, e assegurando... um mínimo de condições de vida ao desempregado".

Assinalando a *justa função do lucro*, o Papa não deixa de apontar que "... para os pobres, à carência dos bens materiais juntou-se a do conhecimento e da

[47] *Homo hominis lupus*, ideia de PLAUTO, em *Asinaria* e que foi celebrizada por THOMAS HOBBES na obra *Leviatã*. No *Antigo Testamento* trata-se de um peixe feroz, citado *no Livro de Jó*, capítulo 41, e no *Livro de Isaías*, capítulo 27, como uma serpente marinha.

[48] É muito importante a referência à limitação da autonomia da vontade das partes, isto é, do empregador, em abono, naturalmente, de um desejável equilíbrio de posições contratuais. É a referência, indireta, ao princípio do favor *laboratoris*.

ciência, que lhes impede de sair do estado de humilhante subordinação". E, formulando um inequívoco juízo de valor, diz que na queda dos regimes opressivos foi fator decisivo a violação reiterada e sistemática dos direitos do trabalho.

Contrapondo à sociedade de capitais a sociedade de pessoas, o Papa considera "... como orientação ideal indispensável a própria doutrina social... que reconhece o valor positivo do mercado e da empresa...", mas indica, ao mesmo tempo, "... a necessidade de que estes sejam orientados para o bem comum".

Finalmente, defendendo o direito ao trabalho, afirma que "...uma sociedade onde este direito seja sistematicamente negado... não pode conseguir nem a sua legitimação ética nem a paz social".

S. JOÃO PAULO II, no *Decálogo de Assis para a Paz*, de 2002, refere, no ponto 4, ... o direito de todas as pessoas humanas de levar uma existência *digna*...

3.7. O Papa FRANCISCO, com a Carta Encíclica *Laudato Si*[49], *Sobre o Cuidado da Casa Comum*, começa por dizer, no ponto 124 – *A necessidade de defender o trabalho*, começa por dizer, na senda de S. JOÃO

49 (2015).

PAULO II,[50] que é forçoso incluir o valor do trabalho na abordagem da ecologia integral. ATTENBOROUGH, a propósito da sustentabilidade da Casa Comum, diz[51] que o mundo natural está a desaparecer aos poucos e que as provas estão por toda a parte. O que levará à nossa destruição, embora ainda haja tempo de agir.

BILL GATES[52], por seu lado, diz que já temos as ferramentas necessárias para mudar de rumo, sendo capazes de inventar as outras, e conclui que, não perdendo mais tempo, pode evitar-se o desastre climático.

O Papa FRANCISCO acrescenta que se "...procurarmos pensar quais possam ser as relações adequadas do ser humano com o mundo que o rodeia, surge a necessidade duma conceção correta do trabalho". No ponto 126 lembra S. BENTO DE NÚRSIA que, pretendendo que os seus monges vivessem em comunidade, uniu "... oração e estudo com o trabalho manual"[53]. O ideal, para ele, era o recolhimento e o trabalho. E acrescenta o Papa: "... a realidade social do mundo atual exige que, acima dos limitados interesses das empresas e duma discutível realidade

---

[50] *Laborem Exercens.*

[51] *Uma Vida no Nosso Planeta*, trad. Marta Pinho, Temas e Debates, Círculo de Leitores, Lisboa, novembro de 2020, p. 14.

[52] *Como Evitar um Desastre Climático*, trad. Cássio de Arantes Leite, Companhia das Letras, Ideias de Ler, 19 fevereiro de 2021.

[53] *Ora et labora.*

económica (se continue a perseguir como prioritário o objetivo do acesso ao trabalho para todos)"[54].

No ponto 128, o Papa FRANCISCO, depois de afirmar que o auxílio aos pobres com dinheiro é sempre "... um remédio provisório para enfrentar emergências"[55], acrescenta que o progresso tecnológico não deveria substituir *ad nutum* o trabalho humano porque, sendo o trabalho uma necessidade, o verdadeiro objetivo deveria ser o conseguimento para todos de "... uma vida *digna* através do trabalho". E continua: "... a orientação da economia favoreceu um tipo de progresso económico cuja finalidade é reduzir os custos de produção com base na diminuição dos postos de trabalho, que são substituídos por máquinas". E, reforçando o sentido do seu pensamento, conclui que "... as disfunções económicas acarretam sempre também custos humanos. Renunciar ao investimento nas pessoas para se obter maior receita imediata é um péssimo negócio para a sociedade".

---

[54] Citando BENTO XVI, Carta Encíclica *Caritas in Veritate* (29 de junho de 2009).

[55] A fazer lembrar o provérbio chinês "Não dês o peixe, ensina a pescar". Sobre o valor da esmola e a forma como deve ser praticada, veja-se, nomeadamente, o *Evangelho de S. Mateus*, 6,1 – "Guardai-nos de fazer as vossas boas obras diante dos homens para vos tornardes notados por eles..." Também no *Evangelho de S. Lucas*, 7,35, é dito: "Fazei o bem e emprestai sem esperar nada em troca". Pode referir-se , ainda, de S. Lucas, 12,41 "... dai esmola do que possuís..."

No ponto 129, o magistério do Papa FRANCISCO quanto ao *pensamento social cristão*[56] culmina ao dizer que não basta a simples proclamação da liberdade económica[57] se dela resultar que muitos a ela não têm acesso, reduzindo o acesso ao trabalho e desonrando a política. E a atividade empresarial só é uma *vocação nobre* "... se melhorar o mundo para todos..." e se tiver em consideração que "... a criação de postos de trabalho é parte imprescindível do seu serviço ao bem comum"[58].

Na visita apostólica que fez à Bolívia, também em 2015, o Papa FRANCISCO, depois de referir a necessidade de uma nova evangelização, conclui:

---

[56] Terminologia alternativa à da Doutrina Social da Igreja, usada por D. MANUEL CLEMENTE, Cardeal Patriarca de Lisboa, em várias conferências, nomeadamente na comemoração dos 100 Anos da Inspeção Geral do Trabalho, no Museu Mude, em Lisboa, 2016.

[57] A fazer lembrar LACORDAIRE, Henri Dominique, pregador de Notre Dame, foi um religioso dominicano, nascido a 22 de maio de 1802 e falecido em 21 de novembro de 1861. É considerado um percursor do Catolicismo Moderno. Destacam-se as suas prédicas na Catedral de Notre Dame de Paris. Foi um acérrimo defensor da liberdade de expressão e de associação quando dizia, em meados do século XIX, que "... *Entre o rico e o pobre, o amo e o serviçal, o senhor e o escravo, é a liberdade que oprime e a lei que liberta*".

[58] A cidade do humanismo está acima da cidade económica, do dito *pensamento único* que tudo pretende explicar.

Queremos uma mudança real, mudança de estruturas, mudança que liberte dessa tristeza individualista, que escraviza.

Na Declaração de Abu Dhabi do Papa FRANCISCO e do Grande Imã AL-AZHAR, de fevereiro de 2019, refere-se o lucro desmedido, desmesurado, fazendo-se um apelo ao termo das guerras[59] e dos conflitos. E concluem que a falta de uma distribuição equitativa dos recursos naturais, dos quais beneficia apenas uma minoria de ricos em detrimento da maioria dos povos da terra, *faz morrer à fome milhões de crianças, já reduzidas a esqueletos humanos por causa da pobreza e da fome*, e onde reina um inaceitável, terrível e comprometedor silêncio.

No dia 6 de março do ano de 2021, em curso, do encontro do Papa FRANCISCO com o líder xiita do Iraque, o Grande Ayatollah ALI AL-HUSAYNI AL-SISTANI, resultou a exortação às grandes potências para que respeitem

---

[59] Ainda e sempre fonte de escravatura. Deve pensar-se no conflito de Israel, com o Hamas, movimento islamista palestino, de orientação sunita, na faixa de Gaza, em maio de 2021, com mortalidade inaudita de crianças e mulheres, verdadeiros escudos humanos.

O "diálogo" dos *raids* aéreos e dos *rockets* nada resolve... Finalmente, pouco antes do Pentecostes, a paz, sempre precária, por intermediação do Egito, chegou....

o direito dos povos à liberdade e à *dignidade*, bem como e o pleno respeito pelos seus direitos constitucionais.

3.8 Já na Carta Encíclica *Fratelli Tutti*[60], de outubro de 2020, o Papa FRANCISCO, reconhecendo a dignidade de toda a pessoa humana, apela a uma ideia mundial de fraternidade e ao sonho de uma única humanidade. Acrescenta que "... Aumentam as distâncias entre nós, e a dura e lenta marcha rumo a um mundo unido e mais justo sofre um novo e drástico revés".

O Papa FRANCISCO, reconhece no ponto 162, reconhece que a grande questão é o *trabalho*. E, continuando, insiste, como já foi dito, que "ajudar os pobres com o dinheiro deve ser um remédio provisório para enfrentar emergências. O verdadeiro objetivo deveria ser sempre consentir-lhes uma vida *digna* através do trabalho...". E acrescenta que "não há pobreza pior do que aquela que priva do *trabalho* e da *dignidade* humana...", concluindo que "... o trabalho é uma dimensão essencial da vida social". A página 55 interroga-se sobre a valia da lei se não for alcançada "através dum longo caminho de reflexão e sabedoria, de que cada ser humano é sacro e inviolável". E parece concluir, no ponto 209, que" os direitos humanos

[60] *Sobre a Fraternidade e a Amizade Social*, Santa Sé, 3 de outubro de 2020.

fundamentais ... considerados invioláveis, podem acabar negados pelos poderosos de turno, depois de terem obtido o "consenso" duma população adormecida e amedrontada".

Referindo-se ao diálogo[61], diz que "... a vida é a arte do encontro", sendo necessário dotar "... os nossos filhos com as armas do diálogo..."ensinando-lhes a *boa batalha do encontro.*

O Papa FRANCISCO, nesta Carta Encíclica notável, diz, também[62] que "... Quando uma parte da sociedade pretende apropriar-se de tudo aquilo que o mundo oferece, como se os pobres não existissem, virá o momento em que isso terá as suas consequências. Ignorar a existência e os direitos dos outros provoca, mais cedo ou mais tarde, alguma forma de violência, muitas vezes inesperada". O que faz lembrar o que disse o Presidente dos EUA, JOHN FITZGERALD KENNEDY (1917-1963), num célebre discurso, pouco antes de ser assassinado em Dallas: "*Que os ricos cuidem dos pobres para que os pobres não cuidem dos ricos*".

---

[61] Pontos 215 e 216, p. 57 , diálogo essencial ao conseguimento de qualquer solução pacífica. De facto, sem o diálogo não há paz, nos diversos grupos em que o ser humano se integra.

[62] Ponto 219, p. 58.

E acrescenta o Papa[63]: "Cada um de nós é chamado a ser um artífice da paz, unindo e não dividindo, extinguindo o ódio em vez de o conservar, abrindo caminhos de diálogo em vez de erguer novos muros".

No ponto 137 da Carta Encíclica, o Papa FRANCISCO, de forma muito assertiva, diz que "... Precisamos de fazer crescer a consciência de que, hoje, ou nos salvamos todos ou não se salva ninguém. A pobreza, a degradação, os sofrimentos dum lugar da terra são um silencioso terreno fértil de problemas que, finalmente, afetarão todo o planeta".

Conclui, finalmente, - ponto 231 - que ... as grandes transformações não são construídas à escrivaninha ou no escritório...

É a ideia, traduzida pelo Bispo HELDER CÂMARA (1909-1999) de que... a fome dos outros condena a civilização dos que não têm fome. E, continuando, diz: *Não me dou a penitências. Com todo o respeito que me merecem os santos, não sou homem de autoflagelações... Não há penitência melhor do que aquelas que Deus coloca no nosso caminho...*

MAALOUF[64] diz que nunca poderia admitir que a etnia, a religião ou a raça constituíssem fundamentos

---

63 Ponto 284, p. 75.

64 *Op. cit.*, p. 194.

legítimos para construir nações, muito embora se questione sobre a quantidade de fracassos horrendos, de carnificinas e de *purificações* que serão *necessários* para que o tratamento bélico deixe de ser considerado normal, ou melhor, *conformes à natureza humana.*

Qual a importância de viver num condomínio fechado, muito bem armado, e cercado de bairros de lata, de favelas, de musseques? Como muito bem diz o Papa, em linguagem próxima de KENNEDY, quem levanta um muro, quem constrói um muro, acabará escravo dentro dele... Não sei se é preciso lembrar DONALD TRUMP...

Em linguagem muito expressiva, o Papa FRANCISCO, na *Fratelli Tutti,* refere a vivência de uma *terceira guerra mundial por pedaços...*

A Beleza da Natureza – Peniche, perto do Cabo Carvoeiro.

4.
A OIT E A ESCRAVIDÃO

A Organização Internacional do Trabalho, nascida, como foi dito, com o Tratado de Paz de Versalhes, que pôs juridicamente termo à I Guerra Mundial, prossegue objetivos de promoção do trabalho humano, em todas as suas dimensões, com o intuito de evitar violências ou revoluções incompatíveis com a boa marcha da humanidade. E são múltiplas as Convenções da OIT que, nas *Conferências* anuais, têm sido aprovadas com esse escopo.

4.1. Na *Convenção Sobre a Escravidão*, adotada em Genebra a 25 de setembro de 1926, pela Sociedade das Nações, diz-se no artigo 1.º, n.º 1, que "A *escravidão* é o estado ou condição de um indivíduo sobre a qual se exercem, total ou parcialmente, os atributos do direito de propriedade". E, densificando o dispositivo da *Convenção*, o n.º 2 concretiza: "O tráfico de escravos compreende todo o ato de captura, aquisição ou cessão de um indivíduo com o propósito de escravizá-lo...".

E depois de nos artigos 2.º e 3.º, se afirmar o impedimento absoluto e a repressão do tráfico de escravos, bem como o embarque, desembarque e transporte de escravos, consagra-se, no artigo 5.º, a abolição das medidas necessárias que visem evitar que o trabalho forçado ou obrigatório produza condições análogas à escravidão.

4.2. Em aparente recuo, no entanto, a *Convenção n.º 29*, de 1930, sobre o *Trabalho Forçado ou Obrigatório*[65], contém disposições, possivelmente próprias da sua época, mas com *laivos de escravidão*. Vejamos: de acordo com o artigo 2.º, n.º 1, "... trabalho forçado ou obrigatório designará todo o trabalho ou serviço exigido de um indivíduo sob ameaça de qualquer penalidade e para o qual ele não se ofereceu de espontânea vontade". Em jeito de restrição, o artigo 4.º, n.º 1, exige que "As autoridades competentes não deverão impor ou deixar de impor o trabalho forçado ou obrigatório em proveito de particulares, de companhias ou de pessoas jurídicas de direito privado". E, mais à frente, no artigo 11.º, n.º 1, a Convenção estatui que só os adultos

---

[65] Elaborada a partir do artigo 5.º da *Convenção sobre a Escravidão*, de 1926, aprovada para ratificação pelo Decreto n.º 40 646, de 16.06.1956, e em vigor na ordem jurídica interna em 26.06.1957.

do sexo masculino, com idade compreendida entre os 18 e os 45 anos, podem ser sujeitos a trabalhos forçados, com o regime jurídico adotado para o trabalho livre, sendo que o trabalho que excede o período normal de trabalho deverá ser pago como o trabalho suplementar dos homens livres. E após dizer que os trabalhadores submetidos a trabalho forçado ou obrigatório têm direito a um dia de repouso semanal, o artigo 14.º, n.º 1, afirma, em termos dúbios, o princípio da igualdade retributiva com os trabalhadores livres.

4.3. Em 7 de setembro de 1956[66], a OIT adotou uma *Convenção Suplementar Relativa à Abolição da Escravidão, do Tráfico de Escravos e das Instituições e Práticas Análogas à Escravidão,* na convicção, segura, de que a *Convenção* de 25 de setembro de 1926[67] foi, em boa medida, letra morta, caso para dizer, como S. PAULO na *Carta aos Romanos* (Rm 2, 13 - 14), que o que conta não é ter a lei, se não praticá-la. Assim, a *Convenção*, reportando-se a situações horrendas e indecentes, refere a servidão por dívidas, a servidão da gleba, mas, sobretudo, a promessa de casamento de uma mulher a troco de uma compensação

[66] Em Genebra.

[67] *Vide* supra, 4.1.

em dinheiro ou em espécie, a ser entregue a pais, tutor ou família, ou a proibição do marido, da família ou do clã do marido terem o direito de ceder a mulher a um terceiro a título oneroso e, ainda, a proibição da mulher, por morte do marido, poder ser transmitida por herança a outra pessoa[68]. É de salientar, ainda, a alínea d) do artigo 1.º quando proíbe "...toda a instituição ou prática em virtude da qual uma criança ou um adolescente menor de 18 anos é entregue pelos pais, por um deles ou pelo tutor a outra pessoa, mediante remuneração ou sem ela, com o fim de explorar, quer a pessoa, quer o trabalho da criança ou do adolescente".

Ao proibir, novamente, o tráfico de escravos e ao consagrar, no artigo 4.º, que o refúgio de um escravo no navio de um dos Estados Partes na *Convenção* lhe confere a liberdade, *ex rerum natura*, há o infeliz reconhecimento de que 30 anos depois da *Convenção Sobre a Escravidão* a realidade ainda não era muito diferente, o que diz bem da resistência à concretização dos direitos humanos fundamentais, da *febre do oiro* e da existência de pessoas interessadas em viver o *passado*, a todo o custo, querendo-o transformar no *presente* que é já o *futuro*.

---

[68] Posições inqualificáveis de clara *coisificação* ou *reificação* da mulher.

4.4. No ano seguinte, na quadragésima Conferência Internacional do Trabalho[69], foi adotada a *Convenção 105 sobre a Abolição do Trabalho Forçado*[70]. Assim, depois de reconhecer a *Convenção Relativa à Escravidão,* de 1926, e a proibição, em 1956, da servidão por dívidas, bem como a servidão da gleba, e ainda a *Convenção de 1949* sobre a *Proteção do Salário,* a *Convenção 105* obriga qualquer membro da OIT que a ratifique, a suprimir o trabalho forçado ou obrigatório, como meio de: a) coerção ou de castigo por exprimir certas opiniões políticas; b) como meio de mobilização ou utilização de mão de obra com fins de fomento económico; c) como medida de disciplina no trabalho; d) como castigo por ter participado em greves; e) ou como medida de discriminação racial, social, nacional ou religiosa.

4.5. Em pleno século XXI, mais precisamente em 11 de junho de 2014, foi adotado o *Protocolo 2014 relativo à Convenção sobre o Trabalho Forçado de 1930.* Curioso que 84 anos depois da *Convenção,* a Conferência Internacional

[69] Que se realizou em Genebra, em 25 de junho de 1957.

[70] Aprovada para ratificação pelo Decreto-Lei n.º 42 381, de 13.07.1959, com entrada em vigor na ordem jurídica interna em 23.11.1960.

do Trabalho reconhece que o trabalho forçado ou obrigatório constitui uma violação dos direitos humanos e que a sua proibição integra os direitos fundamentais, acrescentando que esse trabalho, além de atentar contra a dignidade de milhões de mulheres, homens, raparigas e rapazes, contribui para perpetuar a pobreza e é um obstáculo à consecução de trabalho decente para todos.

O *Protocolo 2014*, depois de reconhecer, no *Preâmbulo*, que, na economia privada, há um número crescente de trabalhadores em situação de trabalho forçado ou obrigatório, identifica, no artigo 2.º, quais as medidas que devem ser adotadas para prevenir o trabalho forçado ou obrigatório e que passam, desde logo, pelo fortalecimento e sensibilização dos serviços da inspeção do trabalho e pela educação e informação das pessoas consideradas particularmente vulneráveis.

O *Protocolo 2014* é acompanhado pela *Recomendação sobre Trabalho Forçado – medidas complementares – 2014*, adotada, também, na 103.ª Conferência Geral da OIT.

As nuvens também se zangam... e dão uma Beleza rara ao turbilhão.

5.

A ESCRAVIDÃO E O TRABALHO FORÇADO NO DIREITO PENAL

O Direito, por excelência, que visa prevenir e reprimir condutas e comportamentos desviantes que põem em causa a boa marcha da humanidade é, por excelência o Direito Penal[71]. Natural, é, pois, que para se ter uma ideia mais compreensiva, ao mesmo tempo que comparatista, se faça uma breve referência a normas, e não mais do que isso, que em alguns Códigos Penais, começando pelo português, condenam a escravatura e o trabalho forçado.

5.1. Em Portugal, o artigo 159.º do Código Penal, sob a epígrafe "Escravidão", estatui:

[71] Ou, na terminologia de EDUARDO CORREIA, o *Direito Criminal*, título da obra com o mesmo nome, Almedina, Coimbra, 1963, p. 1, por ser mais abrangente, considerando a existência de reações criminais de outro tipo ao lado das penas, como é o caso das medidas de segurança. Nesse sentido, aponta, também, na p. 2, a tradição de grandes juristas, nomeadamente portugueses, como MELO FREIRE e BELEZA DOS SANTOS e CAVALEIRO DE FERREIRA.

"Quem:

a) Reduzir outra pessoa ao estado ou à condição de escravo; ou
b) Alienar, ceder ou adquirir pessoa ou dela se apossar com a intenção de a manter na situação prevista na alínea anterior;

é punido com pena de prisão de 5 a 15 anos"[72].

Já o tipo legal de *exploração do trabalho* está concretizado no artigo 160.º, sob a epígrafe *Tráfico de pessoas*, sendo a mesma, verificando-se as condições previstas nesse inciso legal, passível de pena de prisão de 3 a 10 anos, exceto quando se trate de menores - n.os 2 e 3 do mesmo artigo, caso em que a moldura penal, mantendo-se estanque no mínimo, sofre um agravamento no máximo para doze anos, quando o agente utilizar qualquer dos meios previstos nas alíneas do n.º 1. Diga-se que este

[72] ALBUQUERQUE, PAULO PINTO, *Comentário do Código Penal*, 3.ª edição, Universidade Católica Editora, Lisboa, 2015, p. 625, em anotação ao artigo 159.º, concretiza: "... a escravidão laboral existe quando se verifiquem duas condições cumulativas: por um lado, a vítima não tem qualquer poder de decisão sobre o número de horas de trabalho que tem de prestar e, por outro, a vítima não dispõe de qualquer parte da retribuição pelos serviços prestados". E remete para o caso, que será visto, do acórdão do TEDH *Siliadin v.França*, de 26 de julho de 2005.

número refere a *exploração do trabalho*, designação que volta a utilizar no n.º 3, de par com a *escravidão*[73].

5.2. Já o Código Penal espanhol, a propósito do tráfico de seres humanos, prescreve, nas alíneas a) e b) do artigo 177.º, a pena de cinco a oito anos de prisão para os que imponham o trabalho ou serviços forçados, bem como a escravidão ou práticas similares à escravidão, à servidão ou à mendicidade. Acrescenta, ainda, que existe uma situação ou estado de necessidade ou de vulnerabilidade quando a pessoa em causa não tem outra alternativa, real ou aceitável, que não a de submeter-se ao abuso. Tratando-se de menor, a pena será agravada – n.º 4, alínea b) –, sendo de seis a doze anos quando o agente se prevalece da sua condição de autoridade...Vê-se, assim, que, contrariamente ao Código Penal português, não há um tipo legal autónomo de escravidão e a moldura penal, mesmo que agravada, fica aquém da consagrada na alínea b) do artigo 159.º do Código Penal português.

– Em França, o Código Penal, no capítulo II – *Outros crimes contra a humanidade*, consagra, no artigo 212 – 1, a pena de reclusão criminal à prisão perpétua para a execução de um plano concertado contra um grupo da

[73] Deve considerar-se o trabalho dos imigrantes nas explorações agrícolas – plantações, colheitas, vindimas...

população, num quadro de um ataque generalizado ou sistemático de *redução à escravidão*. Já no artigo 224 – 1 A, a propósito da *redução à escravidão* e à *exploração* das pessoas reduzidas à escravidão, o Código consagra a pena de prisão de vinte anos, sendo a mesma pena aplicável se a pessoa for submetida a trabalho ou serviço forçado – artigo 224 – 1 B. Nas condições previstas no artigo 224 – 1 C, considerando a especial vulnerabilidade, nomeadamente por força da idade e a especial posição do agente criminoso, a pena de prisão agrava-se para trinta anos. Pode assim dizer-se que a legislação penal francesa é mais rígida, no que às sanções criminais concerne, que as duas ordens jurídicas precedentes.

– Na Alemanha, o Código Penal, nas *Ofensas contra a liberdade pessoal*, separa, no §232 e no §232b, o *tráfico de seres humanos* do *trabalho forçado*. No primeiro, alínea d), reporta-se à manutenção de uma pessoa em escravidão ou servidão, com penas de prisão que variam de seis meses a cinco anos. Já no §232b, a propósito do trabalho forçado, mas que engloba, também, a escravidão e a servidão, a moldura da pena privativa da liberdade, de acordo com as condições previstas nesse inciso legal, oscila entre um e dez anos.

– Na Itália, a propósito dos *delitos contra a liberdade individual*, o Código Penal, no artigo 600.º, com a epígrafe *Redução ou manutenção em escravidão ou servidão*, consagra a pena de prisão de oito a vinte anos para qualquer pessoa que exerça poderes sobre outra equivalentes aos do direito de propriedade ou, então, que reduza ou mantenha uma pessoa em estado de sujeição contínua, forçando-a a realizar trabalho. O artigo tipifica a conduta punível. Quanto ao tráfico de pessoas, rege o artigo 601.º, abordando-se a especial relação de autoridade do agente com vista a forçar outra pessoa a realizar trabalho. O artigo refere, ainda, uma situação especial de tráfico de escravos. O artigo 602.º, por sua vez, trata da compra e venda de escravos que, verificadas as condições do artigo 600.º, implica que ao criminoso – agente do crime – seja aplicável uma pena de prisão de oito a vinte anos, pena que é agravada no caso de menores.

– O Reino Unido, através do *Modern Slavery Act*, aprovado pelo Parlamento em 2 de abril de 2015, com aplicação na Inglaterra e no País de Gales, tem o primeiro complexo de normas na Europa e um dos primeiros do mundo que visa combater a escravidão e o tráfico de pessoas à luz da modernidade. Diga-se que a Austrália, com base na legislação do Reino Unido, aprovou em novembro de 2018 o *Modern Slavery Act*, que entrou em vigor no dia 1 de janeiro de 2019. O orçamento para a sua concretização é de A$ 100 milhões. O orçamento anual do Reino Unido é de £33,5 milhões.

Sob o título *Escravidão, Servidão e Trabalho Forçado*, o *Modern Slavery Act 2015*, depois de dizer que será tido em conta, quanto aos conceitos, o artigo 4.º do CEDH, concretiza penalidades severas na Secção V, que podem chegar à prisão perpétua.

EUA – Importa ter em consideração a Emenda XIII à Constituição de 1787. Uma parte do artigo IV, da Secção 2, da Constituição foi alterada pela Emenda, votada no Congresso em 31 de janeiro de 1865 e ratificada em 6 de dezembro do mesmo ano. Assim, e de acordo com a Secção 1, "Não haverá nos Estados Unidos ou em qualquer lugar sujeito à sua jurisdição, nem escravidão, nem trabalho forçado, salvo como punição por um crime pelo qual o réu tenha sido devidamente condenado. Secção 2. O Congresso terá competência para fazer executar este artigo por meio das leis necessárias".

O equilíbrio da Natureza.

6.
TRABALHO DIGNO E TEMPO DE TRABALHO NO DIREITO CONSTITUCIONAL

PETER STILWELL[74] chega à dignidade referindo, desde logo, os nossos antepassados, que tinham tempo e, no tempo que tinham, havia quem pensasse. Reporta-se, depois, ao compromisso, à responsabilidade mútua, a que a Bíblia deu o nome de aliança. Avançando, conclui que o sentido da dignidade humana, presente nas grandes civilizações, tem o seu fundamento no Cristianismo, no Islamismo e no Judaísmo

6.1. A Constituição Portuguesa de 1976 começa por basear a soberania da República, logo no artigo 1.º, na *dignidade da pessoa humana* para, no artigo 13.º, n.º 1, acrescentar que "todos os cidadãos têm a mesma *dignidade* social e são iguais perante a lei". Os n.os 2 e 3 do artigo 26.º referem, ainda, a *dignidade humana* e a *dignidade pessoal*. À *dignidade* da pessoa humana reporta-se, também, o

---

[74] PETER STILWELL, Pde. Existem várias religiões. Cada religião tem um deus. Existe só um Deus ou vários? O que é a alma? – *Trocado por Miúdos*, Porto Editora, Porto, 2013.

artigo 67.º, n.º 2, al. e) quando estatui que:" 2 - Incumbe ao Estado, designadamente, para proteção da família: e) Regulamentar a procriação assistida, em termos que salvaguardem a dignidade humana". Finalmente, mas não por último, o artigo 206.º, a propósito das audiências dos tribunais, prevê a salvaguarda da *dignidade das pessoas*. Poder-se-á, assim, dizer que a CRP se refere, amiúde, à dignidade da pessoa humana, sendo encomiástica da mesma[75].

---

[75] Há muita jurisprudência do TC sobre a *dignidade*. Apresentam-se, de seguida, dois extratos de Acórdãos do TC por facultarem, de par com outros, a interpretação, *v.g.*, das disposições do Código do Trabalho que se reportam às sanções disciplinares pecuniárias, em particular a suspensão do trabalho com perda de retribuição e antiguidade, com a dimensão prevista na alínea c) do n.º 3 do artigo 328.º, com a intervenção agravante do n.º 4 através de irct.

Poderá ser o caso, também, das situações que referiremos mais à frente, da isenção de horário de trabalho e seus efeitos, dos limites à prestação de trabalho suplementar, em particular dos trabalhadores em regime de tempo parcial e, a título meramente exemplificativo, da adaptabilidade grupal do período normal de trabalho do artigo 206.º, n.º 2, do CT, não prescindindo das considerações que irão ser feitas, como é natural.

Acórdão do Tribunal Constitucional n.º 858/2014, de 10 de dezembro de 2014, de que foi Relator o Conselheiro Carlos Fernandes Cadilha, DRE, 20 de fevereiro de 2021. Julga inconstitucional a norma do artigo 26.º, n.º 1, alínea c), do Regulamento Disciplinar da Polícia de Segurança Pública, na parte em que determina para os funcionários e agentes aposentados a substituição da pena de demissão pela perda total do direito à pensão pelo período de 4 anos.

1 - II - A CRP funda-se no principio da dignidade da pessoa humana (artigo 1.º), o qual é reconhecido por este tribunal constitucional, na esteira da comissão constitucional (cfr. acórdão n.º 479, BMJ n.º 327, junho de 1983, pp. 424 e ss.) impondo a satisfação de um mínimo necessário para que cada pessoa tenha uma existência condigna;

III - Essa existência condigna pressupõe a existência de um rendimento mínimo destinado a fazer face às mais elementares necessidades básicas, nomeadamente alimentação;

IV - A perda do direito à pensão, ainda que delimitada a um hiato temporal de 4 (quatro) anos, constitui uma restrição intolerável face ao princípio da dignidade humana...

VII - Em consequência ... não pode deixar de ser considerada desproporcionada e violadora do princípio da dignidade humana a aplicação de uma sanção de perda de aposentação a um aposentado por doença invalidante...

VIII - Devem, pois, considerar-se inconstitucionais, por violação do princípio constitucional do respeito pela dignidade humana... as normas contidas ... no Regulamento Disciplinar da Polícia de Segurança Pública... no sentido de que admitem a aplicação da sanção de perda de aposentação...

2 - Acórdão do TC n.º 509/2002, de 19 de Dezembro (AcTC, vol. 54, p. 19-53).

Em processo de fiscalização preventiva, o Tribunal Constitucional pronunciou-se pela inconstitucionalidade de um decreto da AR que revogava o rendimento mínimo garantido (criado por um Governo Socialista em 1996), substituído por um "rendimento social de inserção". O novo regime reconhecia a titularidade do rendimento social de inserção apenas às pessoas com idade igual ou superior a 25 anos, ao passo que o regime anterior reconhecia o direito à

Já quanto ao tempo de trabalho, e no âmbito dos direitos e deveres económicos, sociais e culturais, é preciso considerar o artigo 59.º, n.º 1, al. d), quando se reporta ao "... repouso e aos lazeres, a um limite máximo da jornada de trabalho, ao descanso semanal e a férias periódicas pagas". Deve ter-se em conta, também, a al. b) do n.º 2 do mesmo artigo quando determina que incumbe ao Estado "A fixação, a nível nacional, dos limites da duração do trabalho". E muito embora não se trate de direitos *self-executing*, à luz do artigo 18.º, pressupondo a *interpositio legislatoris*, defende-se que, uma vez concretizados, aplicar-se-á , com algumas limitações, a figura da proibição do retrocesso.

À organização do trabalho em condições socialmente dignificantes, reporta-se, ainda, a alínea b) do n.º 1 do artigo 59.º.

Já quanto à *liberdade de escolha da profissão* há que considerar o artigo 47.º.

Como certeiramente dizem CANOTILHO e VITAL MOREIRA "A dignidade da pessoa humana não é jurídico--constitucionalmente um princípio limite. Ela tem um

---

prestação do rendimento mínimo aos indivíduos com idade igual ou superior a 18 anos.

Na sequência da pronúncia do TC, o decreto do Parlamento foi reformulado, vindo então a ser publicada a Lei n.º 45/2005, de 29 de agosto.

valor próprio e uma dimensão normativa específicos"[76]. Como os autores esclarecem, a dignidade é inerente a muitos direitos fundamentais, por um lado, e dão a densidade adequada ao princípio da igualdade, por outro, "... proibindo qualquer diferenciação ou qualquer pesagem de dignidades: os "deficientes"; os "criminosos", os "desviantes" têm a mesma dignidade da chamada pessoa "normal". Os estrangeiros e os apátridas (refugiados, asilados) têm a mesma dignidade do cidadão nacional".

CANOTILHO e VITAL MOREIRA acrescentam que a dignidade da pessoa humana é a precondição de legitimação da República e implica a imposição de *deveres de proteção especiais*, particularmente em relação a pessoas em situação de maior debilidade, como será o caso de refugiados, detidos, deportados, deslocados.

Por aqui chega-se aos trabalhadores, quando o emprego escasseia, ou à prostituição.

Neste mesmo sentido, isto é, o de que "A dignidade é de todos e de cada um, enquanto ser em relação com os demais, mas *é muito em especial, dignidade daqueles cuja dignidade mais facilmente poderá ser posta em causa*",

---

[76] *Constituição da República Portuguesa Anotada*, Volume I, 4.ª Edição Revista, Reimpressão, Coimbra Editora, Coimbra, 2014, pp.198-199.

escreve JORGE MIRANDA[77], dando como exemplos de pessoas particularmente vulneráveis os idosos, os que vivem na miséria, os portadores de deficiência física ou mental, as crianças.

Citando KRIELE, JORGE MIRANDA[78] diz que *o princípio da dignidade humana, com o sentido universalista com que civilizacionalmente o entendemos, radica as suas mais fortes raízes no Cristianismo.*

Na linha de CANOTILHO e VITAL MOREIRA, JORGE MIRANDA[79] lembra que a dignidade não desaparece com os comportamentos ilícitos da pessoa e sancionados pela ordem jurídica. E continua: a dignidade da pessoa coloca-a acima de qualquer preço. Assim, na esteira de KANT, escreve que "... A pessoa, sendo um fim em si mesmo, "não tem preço" mas sim dignidade".

6.2. A Lei Fundamental da República Federal da Alemanha tem por epígrafe do artigo 1.º "*Dignidade*[80] da pessoa humana - Direitos Humanos - Vinculação jurídica dos direitos fundamentais" e diz, no seu n.º 1, que

---

[77] JORGE MIRANDA / RUI MEDEIROS, *Constituição Portuguesa Anotada*, Tomo I, 2.ª edição, Coimbra Editora, Coimbra, 2010, p. 84.

[78] *Op. cit.*, p. 79.

[79] *Op. cit.*, p. 85.

[80] Itálico nosso.

"A dignidade da pessoa humana é intangível. Respeitá-la e protegê-la é obrigação de todo o poder público". Por sua vez, o n.º 3 do mesmo inciso legal reporta-se à aplicabilidade direta dos direitos fundamentais e à vinculação dos poderes públicos. E, depois de consagrar, no n.º 1 do artigo 3.º que "todas as pessoas são iguais perante a lei", vem dizer no artigo 12.º, subordinado à epígrafe "Liberdade de escolha da profissão", o seguinte:

> "1. Todos os alemães têm o direito de eleger livremente a sua profissão, o lugar de trabalho...
> 2. Ninguém poderá ser obrigado a determinados trabalhos...
> 3. Trabalhos forçados só são admissíveis no caso de penas privativas de liberdade impostas por sentença judicial".

Já a Constituição Espanhola de 1978, no título I, sob a epígrafe "Dos Direitos e Deveres Fundamentais", estatui o seguinte no artigo 10.º:

> "1. A *dignidade*[81] da pessoa, os direitos invioláveis que lhe são inerentes, o livre desenvolvimento da

---

[81] Itálico nosso.

personalidade, o respeito à lei, e aos direitos dos demais são fundamento da ordem política e da paz social.

2. As normas relativas aos direitos fundamentais e às liberdades que a Constituição reconhece interpretar-se-ão de acordo com a Declaração Universal dos Direitos Humanos e com os tratados e acordos internacionais sobre as mesmas matérias ratificados por Espanha".

– Quanto à igualdade perante a lei, importa ter presente o consagrado no artigo 15.º, estatuindo o artigo 35.º: "1. Todos os espanhóis têm o dever de trabalhar e o direito ao trabalho, à livre escolha de profissão ou ofício, à promoção através do trabalho e a uma remuneração suficiente para satisfazer as suas necessidades e as da sua família... 2. A lei regulará o estatuto dos trabalhadores".

– A Constituição da República Francesa depois de, no artigo 1.º, consagrar a igualdade de todos os cidadãos perante a lei, refere no ponto 5 do Preâmbulo que "toda a pessoa tem o dever de trabalhar e o direito de obter um emprego..." E, incorporando a Declaração Universal dos Direitos do Homem e do Cidadão, de 26 de agosto de 1789, acrescenta, no ponto VI, que "... todos os cidadãos iguais aos seus olhos são igualmente admissíveis a todas as *dignidades*[82], lugares e empregos públicos, de acordo com a sua capacidade, e sem outra distinção que não seja a das suas virtudes e dos seus talentos".

– Quanto à Constituição da República Italiana é de referir que, logo no artigo 1.º, se afirma que "A Itália é uma república democrática, baseada no trabalho", para, no artigo 3.º, acrescentar que "todos os cidadãos têm a mesma *dignidade*[83] social e são iguais perante a lei... Cabe à República remover os obstáculos de ordem social e económica que, limitando, de facto, a liberdade e a igualdade dos cidadãos, impedem o pleno desenvolvimento da pessoa humana e a efetiva participação de *todos os trabalhadores* na organização política, económica e social do País".

Reportando-se às relações económicas, o artigo 35.º afirma que "A República tutela o trabalho em todas as suas formas e aplicações. Cuida da formação e da elevação profissional dos trabalhadores. Promove e fornece os acordos e as organizações internacionais empenhadas em afirmar e disciplinar os direitos do trabalho".

Neste enquadramento, reveste particular relevância o artigo 36.º quando estatui que... "O trabalhador tem direito a uma retribuição proporcional à quantidade

[82] Itálico nosso.
[83] Itálico nosso.

e qualidade do seu trabalho, que seja suficiente para garantir para si e para a sua família uma existência livre e *digna*[84].

A duração máxima do dia de trabalho é fixada pela lei.

O trabalhador tem direito ao repouso semanal e às férias anuais remuneradas, não podendo renunciar às mesmas.

Conclui-se com a referência ao artigo 41.º que, consagrando a liberdade da iniciativa económica privada, acrescenta que a mesma "... não se pode desenvolver em contraste com a utilidade social ou de uma forma que possa trazer dano à segurança, à liberdade, à *dignidade*[85] humana".

[84] Itálico nosso.
[85] Itálico nosso.

O equilíbrio climático e a Beleza sufocante da Natureza.

Alterações climáticas... O Medo?

II

A NOVA ESCRAVIDÃO, TRABALHO DIGNO E TEMPO DE TRABALHO À LUZ DO ARTIGO 4.º DA CEDH E DO DIREITO DO TRABALHO PORTUGUÊS

NOTA

A eliminação da *escravidão* e do *trabalho forçado* continua a ser um objetivo a prosseguir, conquistar e defender em muitos pontos da nossa *Aldeia Global*[86], sendo, pois, um importante desafio deste século. Com biombos linguísticos bem disfarçados, estas formas de trabalho horrendas, acobertadas nas realidades referidas e que, para os mais incautos, pareciam pertencer apenas ao triste legado histórico da humanidade, continuam a ter condições de proliferação, muito à custa, também, de um pensamento económico e de uma cultura empresarial onde vigora a *lei do vale tudo* para atingir o máximo lucro, *lei onde nada vale*. Deifica-se, endeusa-se o lucro; coisifica-se, reifica-se a pessoa.

E assim sendo, como é, parece ficar provado, à saciedade, que as leis, sendo um bom instrumento para alterar, *in casu*, formas perversas de trabalho, *o engenho e a arte*

---

[86] Ou *Casa Comum*, para citar o Papa FRANCISCO na Carta Encíclica *Laudato Si*, de 2015.

humanas acabam por torpedear a letra e o espírito de normas proibitivas, quedando-se, múltiplas vezes, pela simples aparência de um *fumum bonis iuris*, sendo necessária uma atenção permanente e acutilante na construção de um *Direito digno*, e uma militância prudente e cautelosa das mais diversas judicaturas.

As *res novae*, como é o caso, *v.g.*, de novas formas de trabalho, da *redefinição* do mercado do trabalho, da *intrusão* militante da *inteligência artificial*, do trabalho em plataformas informáticas, de um novo conceito de globalização económica, de tudo isto deriva a necessidade de um pensamento jurídico[87] omnímodo, compreensivo, comprometido com as novas causas, gerador de leis que, longe da *legal pollution*[88], contribuam para um mundo de paz, porque mais inclusivo, mais fraterno e mais solidário, porque antropologicamente mais amigo do trabalhador, da pessoa humana.

---

[87] ENGISH, KARL – *Introdução ao Pensamento Jurídico*, tradução de BAPTISTA MACHADO, Fundação Calouste Gulbenkian, Lisboa, 1965.

[88] Repete-se: *O que conta não é ter a lei senão praticá-la*, já dizia S. Paulo na Carta aos Romanos, Rm 2,13.

Arco-íris. Casa da Vida, no Freixo.
Génesis- 9, 11-12 O Arco da Aliança de Deus com Noé.

1.
O *ADN* DO DIREITO DO TRABALHO

Tentarei fazer uma exposição enxuta, isenta, imparcial, mas não neutra. De facto, o Direito do Trabalho é portador, na sua curta existência[89], de tantas histórias e paixões que é muito difícil atingir, nele, o estado de neutralidade.

1.1. O Direito do Trabalho tem a sua ideologia[90], qual seja a da proteção do trabalhador, por vezes *à outrance*, para equilibrar relações contratuais com o empregador que, por natureza e à partida, estão desniveladas. De facto, quem carece de emprego para viver, ou, tão só, *vegetar*, dispõe-se a alienar uma parte de si, da sua liberdade, e que é a sua força de trabalho, em condições, muitas vezes, profundamente aviltantes. E é este dispor de si mesmo, do seu corpo, da sua inteligência, do seu *ser*, a favor de outrém, que o remunera, que obriga a pensar na pessoa,

---

[89] Fins do século XIX e inícios do século XX.

[90] PALOMEQUE LOPEZ, MANUEL CARLOS, *Direito do Trabalho e Ideologia*, 5.ª ed., tradução de António Moreira, Almedina, Coimbra, 2001.

no humanismo, na dignidade, e nos direitos naturais e inalienáveis. Este é um grande *mandamento* que coloca uma *questão eterna ao* Direito do Trabalho. Não admira, pois, que GUMERSINDO DE AZCÁRATE[91] tivesse considerado que "… As chamadas leis operárias ou sociais são expressão, mais ou menos afortunada, do desejo (…) de empreender, finalmente, o lento caminho das reformas para evitar a violência das revoluções".

No mesmo sentido, EDUARDO DATO[92] quando afirmou que "…Cada nova lei a favor do operário é uma satisfação à justiça e um palmo de terra arrebatado à anarquia…"

O Direito do Trabalho tem a marca do conflito. Na verdade, a ontogénese deste ramo do Direito afirma-se e confirma-se na necessidade de estabelecer equilíbrios, *pontes* como hoje sói dizer-se, face a relações contratuais, como disse, desniveladas, e perspetiva-se num certo alinhamento da natural conflitualidade laboral, individual ou coletiva, com o objetivo de evitar violências e revoluções, incomportáveis com a boa marcha da sociedade, da humanidade.

---

91 *Alcance y significación de las lhamadas leys obreras*, Sucesores de Rivadeneyra, Madrid, 1883.

92 No *Discurso* lido na Real Academia de Jurisprudência e Legislação espanhola, enquanto seu Presidente, no dia 18 de fevereiro de 1909, na sessão inaugural do curso de 1908-1909.

1.2. Mas, hoje, é também lugar comum referir que o Direito do Trabalho não cria emprego, podendo mesmo, pela sua rigidez, contribuir eficazmente para a sua destruição. E é esta constatação assumida que favoreceu e, mesmo, impulsionou os discursos das flexibilidades, tão necessárias, segundo uns, à sustentabilidade de um regime jurídico que não atrofie a empregabilidade, mas que reconheça, também, segundo outros, que uma total desregulação estatal, à boa maneira liberal, tudo deixando entregue a um absolutismo autonómico da vontade das partes, seria, nos tempos que correm, no nosso tempo, demasiado preocupante, perigosa, mesmo, indutora de novas formas de escravidão.

Importa, no entanto, clarificar. O Direito do Trabalho desenvolve-se, estratifica-se, consolida-se. É um direito de combate, onde a ideia do *favor laboratoris* marcou inquestionavelmente a sua estruturação. É um direito garantístico, de *braço no ar* e *punho erguido*, em que se acreditou na *ideia do sempre mais* em benefício do trabalhador. Mas este Direito está estratificado em segmentos que obedecem a lógicas diferentes. Assim, se a relação individual de trabalho acaba por ter em LACORDAIRE, o seu suporte de apoio genético, com o protecionismo adveniente da lei, a relação coletiva de trabalho encontra o seu melhor suporte na fórmula de FOUILLÉ[93] "quem diz contratual, diz justo". Ora, é esta lógica dualista que está posta em causa no que concerne ao direito individual. Há quem diga e defenda que a máxima de FOUILLÉ também a este se deveria aplicar, recuando-se às máximas liberais da igualdade e da liberdade contratuais[94], só formais. Daí as correntes chamadas de neoliberais. Os pensamentos aduzidos, porém, suscitam-nos as maiores reservas e, mesmo, dúvidas. Mas do que não temos dúvidas é de que foi a *deificação* da autonomia da vontade das partes que levou ao surgimento do Direito do Trabalho.

Seja ou não assim, a verdade é que o princípio do *favor laboratoris, ou o ideal da compaixão social*, na terminologia de KAHN-FREUND[95], parece estar em crise, para

---

[93] Nascido em França em 18 de outubro de 1828 e falecido em Lyon em 16 de junho de 1912, ALFRED FOUILLÉ celebrizou-se com o livro *História da Filosofia*, falecendo em Lyon em 16 de junho de 1912.

[94] Veja-se o que diz S. JOÃO PAULO II na Carta Encíclica *Centesimus Annus*, citada, quando considera que, em defesa dos mais débeis, impõem-se"... algumas limitações à autonomia das partes...". I – 3.4.

[95] OTTO KAHN-FREUND nasceu em Frankfurt em 1990 e faleceu em Oxford em 1979. Foi juiz do tribunal de trabalho de Berlim, tendo sido perseguido pelo fascismo, radicando-se em Londres, sendo professor de Direito Comparado na Universidade de Oxford. É autor da grande obra *Labour Law*.

alguns. E a ideia do *sempre mais* poderá ter os seus dias contados.

1.3. Deve acrescentar-se que a Primeira Revolução Industrial e as Revoluções Burguesas, do século XVIII, de que a francesa foi emblemática e paradigmática, constituem o *caldo de cultura* que, a seu tempo, iriam conferir a *certidão de nascimento* ao Direito do Trabalho. De facto, a revolução da máquina a vapor[96] e a miséria militante[97] levam à fuga dos campos para a cidade moderna, para o *burgo*, na busca de melhores dias.

Do mesmo passo, há o ideário das revoluções liberais, em que a França, nos finais do século XVIII, assume a liderança. A célebre Declaração Universal dos Direitos do Homem e do Cidadão, de 1789, marca o passo e o compasso dos espíritos libertários. É a época da *liberdade*, da *igualdade* e da *fraternidade*, assumindo-se, esta última, como o parente pobre da trindade revolucionária.

[96] De JAMES WATT, que foi um matemático e engenheiro escocês (1736-1819). Verdadeiramente, a máquina a vapor é uma invenção de Thomas Newcomen. Inventando o condensador, é-lhe atribuída a "autoria" da máquina, ficando *watt* ligado à potência da energia.

[97] Situação não reconhecida por JOÃO CÉSAR DAS NEVES, *Deus e o Mercado*, Dom Quixote, 2020, pp. 16-17.

Na Carta Encíclica *Fratelli Tutti*, o Papa FRANCISCO, depois de referir no ponto 8, o *anseio mundial de fraternidade*, assevera, no ponto 103, que a fraternidade *tem algo de positivo a oferecer à liberdade e à igualdade.*

É a época da *laissez-faire*; é a época da consagração, na sua máxima dimensão, da autonomia da vontade das partes e da liberdade contratual para todos aqueles que, nos termos da Declaração, nasciam *livres* e *iguais em direitos*. Mas isto não passa de uma ilusão de igualdade. Há diferenças entre pobres e ricos que, de facto, não são iguais. Aqui parece que intervém, a favor dos ricos, a *mão invisível* de ADAM SMITH[98]. Rapidamente surgem as codificações civilistas, onde se consagra o grande princípio, como já se disse, de *qui dit contractuel dit juste* e onde o Estado se deveria reconduzir a *uma esquadra de polícia* e a *uma repartição de finanças*, como conclui VIEIRA DE ANDRADE[99]. É o *endeusamento* do contratualismo.

Com a fuga dos campos para as fábricas – barracões, à época – verifica-se uma oferta excessiva de mão-de-obra, sobretudo de homens. A rarefação de postos de trabalho

---

[98] 1723-1790. Considerado o pai da Economia moderna, a sua obra de referência é *Uma Investigação sobre a Natureza e a Causa da Riqueza das Nações*, Londres, 1776.

[99] ANDRADE, JOSÉ CARLOS VIEIRA – *Os Direitos Fundamentais na Constituição Portuguesa de 1976*, reimpressão, Almedina, Coimbra, 1987.

conduziu ao funcionamento, na perfeição, da lei da oferta e da procura, e ao aviltamento, à *reificação* ou *coisificação* dos trabalhadores. E, rapidamente, começa a formar-se o *exército industrial de reserva*, a que se reporta KARL MARX[100], no *Manifesto Comunista*[101], bem como no *Trabalho Assalariado*[102] e no *Capital*[103], com legiões de homens desempregados.

Surgem as mulheres, *mão de obra mais dócil e mais barata*, e tanto mais barata quanto mais produzia. E chegam as crianças de muito tenra idade. E o trabalho aviltante invade-as, crucificando o seu são desenvolvimento físico, espiritual e moral. Para *ter* deixava-se de *ser*.

A exploração das mulheres e dos menores era hedionda. Singrava a prostituição e a pedofilia a troco de *trabalho* e uma côdea de pão.

1.4. Ora, por força da legislação liberal, o que era coletivo era abominado. Porém, uma coisa é a *law in the books* e outra, muitas vezes bem diferente, *a law in action*. Estamos em meados do século XIX, com clara proibição

---

[100] Nascido na Prússia em 1818 e falecido em Londres em 1883. Juntamente com Kant, Nietzsche e Hegel é considerado um dos maiores filósofos alemães.

[101] De 1848.

[102] 1843. Com introdução de FRIEDRICH ENGELS.

[103] 1867, 1.ª edição – *Das Kapital*.

penal de movimentos associativos, nomeadamente de trabalhadores subordinados. No entanto, a imaginação tudo pode. E assim, por detrás de *biombos linguísticos*, começam a proliferar as *associações de socorros mútuos* que, a seu tempo, irão dar origem aos sindicatos da época.

As tensões sociais são enormes e dificilmente controláveis. O mundo passa a ser um *mundo outro*[104]. No que concerne aos trabalhadores, multidões descalças e famintas, perdidas nas fábricas ou, pior, nas cidades, os *sem abrigo* da época, a realidade era revoltante. O Estado do *laissez-faire* é forçado a acordar para não deixar cair o poder nas ruas. Os Estados manifestam e concretizam ideias mais interventivas. E as primeiras intervenções dos Estados no seio das relações entre privados ocorrem por via de leis laborais. Passa a regular-se o trabalho dos menores e das mulheres; surgem normas sobre salubridade e segurança no trabalho; limita-se o tempo de trabalho; até que em 1907 surge, em Portugal, o dia de descanso hebdomadário ou semanal obrigatório que, de acordo com a teologia do Direito do Trabalho, é o domingo[105].

---

[104] *Como dizia o Bispo D. MANUEL MARTINS.*

[105] O 1.º dia da semana. JO 20, 19-23 (Novo Testamento). Para outros será o 7.º.

É a ideia de proteção do contraente débil que está em causa. Esta é a *causa das coisas*[106]; esta é a razão primeira do surgimento do Direito do Trabalho; esta é a carga axiológica deste ramo do Direito, este é o seu *ADN*, o seu legado histórico. Emblemático, hoje, é o artigo 337.º do CT sobre a prescrição dos créditos laborais. De facto, enquanto subsiste a relação laboral, os créditos não prescrevem. Tal só ocorre um ano após a extinção do contrato de trabalho[107].

TOLENTINO MENDONÇA[108], depois de dizer que a gestão do tempo é questão de aprendizagem, sobretudo, o repouso, acrescenta que é preciso dizer «basta por hoje», sem qualquer sentimento de culpa. Mais à frente, acrescenta: a nossa maior crueldade é o tempo... Os nossos relógios nunca dormem...

Que bom seria que os trabalhadores, eternas vítimas do tempo, pudessem dizer *chega por hoje!*

---

[106] CARDOSO, Miguel Esteves, em livro com o mesmo título.

[107] Nem no Direito Criminal há prazos de prescrição que sejam tão dilatados. O que, convenhamos, também é mau. De facto, há crimes que nunca devem prescrever.

[108] *Uma Beleza que Nos Pertence*, Quetzal Editores, Lisboa, 2019, pp.135-136 e 199.

A Natureza revolta-se...

2.
A LIBERDADE DE TRABALHO

2.1. O trabalho relevante para o Direito do Trabalho é o que é livre: livre na celebração do contrato de trabalho e livre na estipulação das suas cláusulas contratuais. Bem se sabe, no entanto, que quanto à segunda manifestação de liberdade há mais compressões, quer pela existência dos contratos de trabalho de adesão, previstos no artigo 104.º do CT, em que a vontade do trabalhador como que é cerceada pelas cláusulas já existentes, quase se reconduzindo a sua situação jurídica a *um tudo ou nada*, quer pela situação de necessidade em que múltiplas vezes se encontra, o que leva o trabalhador a dizer sim quando, não raras vezes, a vontade autêntica seria de proferir um rotundo não[109]. Mas, como bem se sabe, não há heróis de estômago

[109] Mas do facto da lei do trabalho ser pluralmente pactuada, filha de consensos, do diálogo e da concertação social, obedecendo a uma *circulação plural de vozes* – vide artigos 54.º – 5 d) e 56.º – 2 – a) da CRP e o artigo 469.º e ss. do CT – o que levanta o problema da democracia participativa face à representativa, pode conduzir e conduz a um Direito que, para agradar a *gregos e troianos*, pode conter soluções muito dúbias. É o caso, *v.g.*, do artigo 206.º – 2 do CT

vazio. *Cum grano salis*, pode assistir-se a laivos de um trabalho forçado, forçado pelas circunstâncias da vida, forçado porque, em muitos casos, talvez, mesmo na esmagadora maioria, a mão-de-obra é um bem excedentário e o trabalho um bem escasso.

2.2. Trabalho livre, na aceção de BERNARDO XAVIER[110], "em que a transmissão prévia dos frutos e utilidades para outrem não é independente da vontade do trabalhador". O mesmo autor acrescenta que "... A decisão de trabalhar é livre, como livre é a escolha da pessoa (ou empresa) para quem se trabalha..."

BERNARDO XAVIER[111] chama a atenção para "...formas particulares de compulsão e de iliberdade, atentatórias da dignidade humana, e de que são vítimas trabalhadores fragilizados (normalmente imigrantes)[112]". E destaca a Lei n.º 28 / 2016, de 23 de agosto, que visa "combater as formas

---

onde o *não* dado ao abrigo do estatuído no artigo 205.º – 4, também do CT, pode ser transformado num *sim* pelo funcionamento de regras *democráticas*. Estranha democracia que tão longe vai, desrespeitando a declaração de vontade.

110 XAVIER, BERNARDO, *et alii*, 4.ª ed., Rei dos Livros, Lisboa, 2020, pp. 38-39.

111 *Idem, ibidem*.

112 O mês de maio de 2021 *pôs a nu* o caso particular dos trabalhadores rurais: nos olivais alentejanos, na colheita de fruta em Odemira, de pescadores em Vila do Conde...

modernas de trabalho forçado", restando saber se o terá conseguido, parecendo que não, lembrando-se mais uma vez S. PAULO quando diz que o que importa não é ter a lei mas praticá-la[113].

No fundo, a liberdade de trabalho é a concretização do artigo 47.º da CRP sobre liberdade de escolha da profissão e, mais concretamente, do artigo 58.º, n.º 1, que consagra o princípio constitucional da liberdade de trabalho, no sentido de que todos têm direito ao trabalho.

2.3. A liberdade referida sofre as compressões das cláusulas limitativas da liberdade de trabalho na pendência do contrato de trabalho, como são as *cláusulas ou pactos de não concorrência*, previstas no artigo 136.º do Código do Trabalho, bem como o pacto de permanência a que se refere o art. 137.º, também do CT[114]. No entanto, quer um quer outro dos incisos legais citados podem, na ótica do trabalhador, colocá-lo numa situação injustamente penosa, podendo ser as cláusulas limitativas uma *artimanha* astutamente gerida, com eventual ausência de liberdade contratual no momento da sua estipulação.

---

[113] *Carta aos Romanos*, Rm 2-12.

[114] PALMA RAMALHO, MARIA DO ROSÁRIO, *Tratado de Direito do Trabalho, Parte II*, Relações Laborais Individuais, 5.ª ed., Almedina, Coimbra, 2014, pp. 240-245.

De facto, a pergunta, muitas vezes, é esta: *quer trabalhar? Então assine*. Nem tudo são rosas…![115]

Deve acrescentar-se que, nos termos do artigo 138.º do mesmo diploma legal, com a epígrafe *Limitação da liberdade de trabalho*, consagra-se a nulidade do acordo de empregadores "… que proíba a admissão de trabalhador que a eles preste ou tenha prestado trabalho, bem como obrigue, em caso de admissão, ao pagamento de uma indemnização". Diga-se que a simples hipótese, hedionda, aflorada na parte final da norma, traduz uma preocupação legislativa relativa a uma realidade que, decerto, não é de todo espúria.

À atividade exercida livremente refere-se, também, ROMANO MARTINEZ[116] quando diz que "só existe contrato de trabalho na medida em que a atividade seja exercida de forma livre". Segundo o autor, essa liberdade na formação do contrato assenta, também, no artigo 405.º do C Civil, importando ter em consideração o artigo 8.º do PIDCP que postula que a ninguém pode ser imposta a obrigação de exercer uma atividade.

---

[115] Alusão ao Milagre das Rosas da Rainha Santa Isabel no episódio, também histórico, com o Rei D. Dinis.

[116] MARTINEZ, PEDRO ROMANO, Direito do Trabalho, 7.ª ed., Almedina, Coimbra, 2015, pp. 35-37.

Depois de referir a escravatura, MARTINEZ lembra quatro situações em que o trabalho não é desenvolvido de forma espontânea, havendo total ausência de regulamentação. É o caso: do serviço militar obrigatório ou conscrição, da requisição civil, do trabalho penitenciário e da prestação de trabalho a favor da comunidade, prevista no artigo 58.º do C Penal. O autor refere ainda, na senda do que começámos por dizer, que "... a falta de liberdade pode advir de aspetos conjunturais comuns a qualquer pessoa, em particular a necessidade de subsistência, casos em que a alternativa 'forçada' de trabalhar não impede a qualificação de tais situações no Direito do Trabalho".

Ao trabalho livre, voluntariamente prestado, reporta-se, também, MONTEIRO FERNANDES[117], excluindo, dele, as atividades forçadas ou compelidas. O autor não deixa de referir, ainda, "... necessidades prementes e iniludíveis, como são as de subsistência, que redundam em limitação séria da liberdade psicológica..."

A liberdade de trabalho, além de prevista na CRP, obtém consagração em múltiplos documentos internacionais, em vigor na ordem jurídica interna, como é o caso, *inter alia*, da DUDH, ao referir-se à *livre escolha do trabalho*, do PIDESC, quando alude a um trabalho

---

[117] FERNANDES, ANTÓNIO MONTEIRO, *Direito do Trabalho*, 18.ª ed., Almedina, Coimbra, 2017, pp. 18-19.

livremente escolhido ou aceite, da *Convenção Europeia dos Direitos do Homem* e da *Carta Social Europeia* revista, no âmbito do Conselho da Europa, quando referem um trabalho livremente empreendido.

A Natureza e a Beleza....

3.
TRABALHO DIGNO

3.1. Quando se abordou[118] o pensamento social cristão, o trabalho digno e o tempo de trabalho, antecipámos algumas ideias que agora tentaremos sistematizar, com a consideração de que com a escravidão dos nossos dias e com o trabalho forçado, mais ou menos disfarçado, o que as empresas visam, *prima facie,* é diminuir os custos e maximizar os lucros[119]. Fazem-no à custa da limitação ou compressão da liberdade, com violência, pelo menos, psicológica, com condições de trabalho degradantes ou indecentes, com jornadas de trabalho exaustivas, nem sequer tendo a noção, como bem se diz no relatório sobre *Trabalho Digno em Portugal - 2008-2018*[120], que trabalho em excesso é contraproducente[121].

---

118 Em I.3.

119 Vide uma referência ao xintoísmo, no Japão, ao hinduismo, na Índia, ao budismo, no Sudeste Asiático, à "finança islâmica" e à xaria, em VITOR MELÍCIAS e JOÃO CÉSAR DAS NEVES, *Deus e o Mercado,* op. cit., pp. 20-21.

120 BIT, Genebra, 2018, p. 79.

121 PENCAVEL, JOHN, The Productivity of Working Hours", in *The Economic Journal,* vol. 125, pp. 2052-2076. *Vide* Conclusões.

Ora, o paradigma referido - mais lucro com menos custos - parece (!), não obstante o pensamento *tacanho* que prolifera, ter os seus dias contados. Há que pensar, em primeiro lugar, nas pessoas, na dignidade, na solidariedade ou, na perspetiva do Papa FRANCISCO, na proteção da vida e do planeta[122].

3.2. Com a consideração de que o trabalho excessivo é uma nova forma de escravidão, de trabalho forçado, é preciso, em primeiro lugar, promover, de forma real e efetiva, a conciliação do trabalho com a vida familiar e a vida social. Para isso, é necessário ter uma visão atenta quanto aos tempos de trabalho e à sua adequada gestão.

Se o trabalhador começa a ter, mesmo em profissões *ditas mais nobres*, índiçes acentuados de *burnout*, então o trabalho não é digno.

Referindo o *burnout*[123], TOLENTINO depois de esclarecer o significado do termo, que significa, verdadeiramente, *queimar-se, sentir-se em curto circuito*, diz-nos

---

[122] *Idem, ibidem.*

[123] MENDONÇA, TOLENTINO, *Elogio da Sede*, Quetzal Editores, Lisboa, 2018, pp. 64-66. Assiste-se a um anglicismo que tudo devora e que *entra*, mesmo, no texto da nossa Constituição, no artigo 57.º, a propósito do *lock-out*. Porque não a *surménage* dos franceses, em galicismo assumido? E porque não o uso da língua portuguesa: o cansaço extremo, o esgotamento?

que há quem considere este *esgotamento emocional* como a "síndrome do bom samaritano desiludido", lembrando--nos que atinge muitos dos que prestam apoio a outros, nomeadamente padres. E clarifica com um estudo recente efetuado a 319 padres da Diocese de Pádua, em que se fez a classificação em seis grupos, dois deles mais identificados: aqueles para quem o problema não existe; e os que se sentem em *burnout* e precisam de apoio ativo. Depois, há os insatisfeitos, os cansados, os que mantêm a eficiência mas sentem desconforto, e os que se defendem *barricando-se* no cumprimento de uma função. Curioso referir que quem está em maior risco de *burnout* são os padres da faixa etária entre os 25 e os 29 anos e, também, os que estão acima dos 70.

E conclui: "... quando nos sentimos abandonados, incompreendidos e com o coração ferido por dores que não conseguimos tratar, temos a impressão de não contar com ninguém. Não resta senão um vazio, um buraco existencial para encher de angústia ou de falsos paliativos".

Mais à frente[124], TOLENTINO MENDONÇA diz que *as cadeiras criam maus hábitos; ...que somos uma sociedade enclausurada nas várias cápsulas onde decorre o nosso quotidiano...*e que ... *o sedentarismo será a*

---

[124] *Op. cit.* p. 104.

doença do século XXI... Referindo Dom Quixote, de CERVANTES[125], diz ainda que ... *a estrada tem mais a ensinar-nos que a estalagem...*

Se os trabalhadores revelam, depressão, insónias, ansiedade, se o trabalho invade horas de descanso e, mesmo, fins de semana, então a dignidade está posta em causa.

O trabalho digno é incompatível com ambientes de trabalho que favorecem o aumento do absentismo, o acréscimo da sinistralidade laboral, a procura acrescida de cuidados de saúde.

O trabalho digno não se compadece com o assédio, qualquer que ele seja, muitas vezes disfarçado de uma crescente transferência do trabalho para casa, uma espécie de *trabalho sombra.*

O trabalho digno não se compatibiliza com práticas empresariais em que, por via do *e.mail*, do telemóvel, das *SMS*, o trabalhador fica preso ao trabalho vinte e quatro horas por dia, sete dias por semana e trinta dias por mês. E esta prática é cada vez mais frequente; é a ideia de *esticar o dia*, de tudo reconduzir ao trabalho[126].

---

[125] 1547-1616. A obra prima de MIGUEL CERVANTES é *Dom Quixote de la Mancha.*

[126] Muito importantes são as considerações sobre *Quem nos Rouba o Tempo*, in o *Hipopótamo de Deus*, cit., pp. 137-139. E depois do *Despacha-te, Despacha-te* e da referência muito lúcida aos *ladrões de tempo*, TOLENTINO diz que "A conquista de um ritmo humano

A contrario, e só por amostragem, pode ver-se o que é o trabalho digno, com respeito sagrado dos direitos fundamentais dos trabalhadores, com poderes exercidos com moderação, mas com firmeza, e com a ideia da restrição dos poderes do empregador[127], que não é, numa sociedade democrática, o senhor todo poderoso, do *ius utendi, fruendi et abutendi*, do quero, posso e mando, mas o gestor de um bem que é de todos.

Como disse o Cardeal guineense ROBERT SARAH[128] "...uma sociedade que vê no desenvolvimento material a sua única bússola resvala, inevitavelmente, para a escravidão e opressão".

Na densificação do conceito de trabalho digno não está em causa, à partida, qualquer ideia de inconstitucionalidade, de ilegalidade, de ilicitude, embora se secundem os princípios subjacentes à máxima *non omne quod licet*

para a vida não acontece de repente, nem avança com receitas de quatro tostões". E, a pp. 155-157, discorre sobre o nosso desejo de transformar a vida no que ela não é, "que as horas do dia sejam mais e maiores, que a noite não adormeça nunca...", concluindo que "O ponto de sabedoria é aceitar que o tempo não estica, que é incrivelmente breve..." e que "... Não nos podemos iludir com a lógica das compensações...".

[127] DURÁN LÓPEZ, *El futuro del Derecho del Trabajo*, in *REDT*, 78, 1996, pp. 604-605, restrição que visa garantir a igualdade real.

[128] *Deus ou Nada*, Fayard, França, 2015. Nascido em 1945, em Conakry, foi nomeado Cardeal, em 2010, pelo Papa Bento XVI.

honestum est. A dignidade, relevando, também, de outras ordens normativas e de outras ciências sociais, que não apenas do Direito, convoca-nos para uma visão mais compreensiva de *todo o homem e do homem todo.*

O que acaba de ser afirmado, longe de afastar a dignidade da ciência jurídica, antes aproxima esta da dignidade e, com isto, o Direito enriquece-se, corporiza-se, engrandece-se.

Quando, em *Salários em Atraso*[129] apelávamos ao equilíbrio entre o dar e o receber, quando o Direito do Trabalho veio corporizar, em lei autonómica[130], o grande princípio de que *inadimplenti non est adimplendum*, o grande princípio civilista da exceção de não cumprimento do contrato[131] segundo o qual cada uma das partes, *in casu* o trabalhador, tem o direito de recusar a sua prestação – o trabalho – enquanto a outra – o empregador – não oferecer a realização da sua – a retribuição, facultando-se que o trabalhador resolva o contrato com justa causa[132] ou suspenda

---

[129] MOREIRA, ANTÓNIO JOSÉ, *Salários em Atraso*, Porto Editora, Porto, 1986.

[130] Lei n.º 17/86, de 14 de junho, antecedida pelo DL n.º 7 – A/86, de 14 de janeiro, de vigência efémera, logo substituído pelo DL n.º 89/86, de 8 de maio.

[131] *Exceptio non rite adimplenti contractus* do artigo 428.º do C. Civil.

[132] O designado *despedimento indireto.*

a prestação do trabalho, observado o período de mora a que se reportava o seu artigo 3.º, o Direito do Trabalho reconhecia que o trabalho exigido por força da celebração do contrato de trabalho, temporariamente não pago, não revestia dignidade à luz do Direito. Hoje, o Código do Trabalho reporta-se ao incumprimento do contrato, por banda do empregador, desde logo, no artigo 323.º, n.os 2 e 3, voltando à matéria no artigo 394.º, n.º 2, alínea a), para a falta culposa do pagamento pontual da retribuição, e no n.º 3, alínea c), para a falta não culposa, sendo que num caso e no outro, ao abrigo do disposto no n.º 1, o trabalhador pode resolver imediatamente o contrato, embora só no caso do n.º 2 tenha direito à indemnização a que se reporta o artigo 396.º. Não justificável, na nossa perspetiva, é o alargamento do período de mora – de 30 para 60 dias – a que se reporta o n.º 5 do artigo 394.º. Como qualificar o trabalho prestado durante esta *vacatio*? Bem se sabe que sempre pode haver o recurso à suspensão do trabalho. Mas num mercado de trabalho profundamente errático, onde campeia o desemprego, o trabalhador, qual escravo, em jeito de trabalho forçado, vai *aguentar* enquanto puder. O *despedimento indireto* será a *ultima ratio*. E muito embora o empregador, por força do disposto no artigo 313.º do CT, aplicável *ex vi* do artigo 324.º, n.º 1, fique em situação de gestão controlada, inibido de praticar um complexo de atos de gestão normal, com a ameaça da aplicação de pena de prisão até 3 anos se incumprir o n.º 2 do artigo 324.º - vide n.º 3 do mesmo artigo, a verdade é que a impugnação pauliana, salutar sem dúvida, não resolve tudo e a pena privativa da liberdade é demasiado branda.

Concluiria a densificação do conceito de dignidade e do trabalho digno apelando ao artigo 13.º da Constituição, que também deve integrar a *visão mais tacanha* do artigo 53.º[133], dizendo que se qualquer trabalhador sofrer de uma *capitis diminutio* em função dos factores referidos *ad nauseam* no n.º 2 do referido artigo 13.º, então estar-se-á perante trabalho indigno e, porventura, no limiar de um novo tipo de escravidão e de trabalho forçado. Devo

[133] E, também, do artigo 58.º, n.º 2, alínea b), e do artigo 59.º, n.º 1, ambos da CRP. Ao rotular, com o devido respeito, a *visão mais tacanha*, pretendo, desde logo, apelar à não sinonímia dos *motivos políticos ou ideológicos*, a que se reporta a parte final do artigo 53.º, com as *convicções políticas ou ideológicas* do artigo 13.º, n.º 2, e, também, do artigo 59.º, n.º 1. A isto acresce a densificação que tem de ser feita do artigo 53.º com os motivos mais abertos do artigo 13.º, n.º 2, e, ainda, com a *idade* e a *cidadania*, incorporadas no texto do artigo 59.º- 1. Na verdade, não seria compreensível, nem razoável, que as razões apontadas nestes dois incisos legais não incorporassem a justa causa do artigo 53. É a visão holística ou sistémica da Constituição que, na interpretação jurídica, não pode deixar de ser considerada.

acrescentar, de resto, que todo este número 3, permite compreender, e bem, o artigo 4.º da CEDH.

3.3. E MAALOUF[134], em tema próximo, discorre sobre GEORGE ORWELL[135], pseudónimo de Eric Arthur Blair, e sobre o seu romance distópico, publicado em 1949, *1984*, onde o *Big Brother* assume papel cimeiro e assustador. Na verdade, as situações de trabalho do quarto tipo são mais fáceis quando há invasão constante da privacidade e, a tal ponto, que já se julga que é normal. De facto, o que é cada vez mais verdade é que cada palavra que escrevemos num computador, que dizemos ao telefone, cada fotografia que tiramos e conservamos em suporte digital, podem ser vistos ou ouvidos sabe-se lá por quem, e que têm os meios e o *Know-how* para os analisar, armazenar e usar como bem lhes aprouver.

A tudo isto acresce a localização, a filmagem e, assim, sabe-se exatamente quem se encontrou com quem, a que horas, o que disseram e muitas coisas mais. Ora isto, que não é *coisa pouca*, como diria o poeta, retira dignidade, e pode reconduzir o trabalhador para uma escravidão moderna, de trabalho indigno e, mesmo, indecente...

---

[134] MAALOUF, AMIN, *O Naufrágio das Civilizações*, trad. Paula Caetano, Editorial Presença, Queluz de Baixo, 2020, pp. 213-217.

[135] (1903-1950), pseudónimo de Eric Arthur Blair.

Perseverance no Planeta Vermelho, Marte de seu nome.
Possíveis novas Casas?!
2021.02.18
Como equilibrar os gastos *astronómicos* com a miséria existente na nossa Casa Comum? Como eliminar *bairros de lata, favelas, musseques,* e dar uma casa aos *sem-abrigo?*

4.

VELHAS E NOVAS FLEXIBILIDADES DO TEMPO DE TRABALHO

As primeiras leis laborais, surgidas para pôr termo a uma igualdade meramente formal no campo das relações de trabalho, assentam, boa parte, do seu suporte de apoio genético nos tempos de trabalho e na sua necessária redução. Na verdade, de jornadas de trabalho dificilmente contidas nas horas que o dia comporta – 16 e, até, 18 horas diárias[136] – foi-se caminhando, paulatinamente, para a sua limitação significativa. E Portugal, no seu tempo e com o seu ritmo, não foi exceção.

---

[136] Sem descansos semanais, férias ou feriados. Lembro, dos inícios do século XIX, a reivindicação dos trabalhadores ingleses:

Eight hours to work
Eight hours to play
Eight hours to sleep
And eight shelhings a day.

Como é fácil constatar, houve avanços e recuos no que concerne ao Direito do Trabalho, julgando que a reivindicação das oito horas de trabalho diárias continuam a manter toda a atualidade, pese embora a existência de muitas leis que até consagram limites inferiores.

Só por curiosidade, e quanto à divisão do dia em três períodos de oito horas, dizia a minha Avozinha materna, Ana de Jesus, na

Esta temática é, pois, como que uma das marcas de origem do Direito do Trabalho, do seu *ADN*, da sua certidão de nascimento... Como afirma PHILIPPE AUVERGNON[137], a limitação do tempo de trabalho é, assim, uma questão histórica do Direito do Trabalho. Só que, à época, a preocupação residia apenas na melhoria das condições de trabalho, sobretudo das mulheres e dos menores, as designadas *forças médias*, mão-de-obra mais barata, mais passível de exploração ou, como se dizia no relatório da nossa lei de 14 de Abril de 1891, era "mão-de-obra dócil e barata e tanto mais barata quanto mais produzia", como já dissemos. E aqui está a primeira referência normativa à produtividade dos trabalhadores. E é fácil aferir quais os terríveis custos que teriam de suportar numa época de capitalismo sem tréguas.

Mudam-se os tempos e a limitação dos tempos de trabalho associa-se a outros objetivos: à ideia de partilhar

---

freguesia de Louredo, Amarante, quando eu tinha sete anos, a seguinte lengalenga:

Três ou quatro horas, se tanto, dorme um santo;
Cinco o estudante;
Seis o andante;
Sete o caminhante;
Oito ou nove quem tem desgosto;
Daí para cima dorme o porco.

[137] *Questões Laborais*, Ano VII, n.º 16, Coimbra Editora, Coimbra, 2000, p. 121.

o emprego. É que, como certeiramente dizia MANUEL ALONSO OLEA, em 1981[138], "o trabalho é um bem escasso e a mão-de-obra um bem excedentário", pelo que, neste desequilíbrio entre a lei da oferta e da procura, quem perde é o trabalhador. E a mão-de-obra será mais escassa com a limitação dos tempos de trabalho e, como preconizava GEORGE SOREL[139], com a organização do trabalho por turnos.

Outra ideia presente nos tempos mais recentes, de que dá nota AUVERGNON[140] é, contraditoriamente, a competitividade empresarial. O pensamento subjacente conecta-se com a necessidade de reconduzir os tempos de trabalho a jornadas tendencialmente uniformes, muito embora a referida simetria de tempos empresariais pudesse andar numa linha de flutuação baixa ou alta, conforme as marés.

Em suma: o tempo de trabalho[141] é um dos temas mais sensíveis, militante, da política laboral.

---

[138] Numa conferência proferida no Clube Madrileno de Empresários.

[139] (1847-1922). Engenheiro, filósofo e sociólogo francês, teórico do sindicalismo revolucionário, é autor de *Reflexions sur la Violance*, 1908. (1847-1922).

[140] *Op. cit.*, p. 1.

[141] BAPTISTA, ALBINO MENDES, Tempos de Trabalho e de Não Trabalho", in *Memórias do V Congresso Nacional de Direito do Trabalho, coord.* António Moreira, Almedina, Coimbra, 2003, p. 178.

TOLENTINO MENDONÇA[142] alude à conversão da nossa relação com o tempo e diz que ...a nossa maior crueldade é o tempo. Como um fabricante de armadilhas desajeitado que acaba sempre prisioneiro das engrenagens que produz. E acrescenta que nós também inventamos o tempo, o *chronos* e não o *Kairós*, e nunca temos tempo, asseverando que *os nossos relógios nunca dormem*. E conclui: quantas vezes o tempo é a nossa desculpa para desinvestir na vida, para perpetuar o desencontro que mantemos com ela... Mais recentemente[143] o Cardeal, perguntando «Que fazes do tempo», responde: "Sabes, perco-me nas tarefas, nas voltas a dar, nesta e naquela responsabilidade, no vaivém rotineiro dos encargos, na boa consciência de quem aparentemente está a cumprir, a realizar o seu dever... E no meio disso tudo, confesso, o tempo da minha vida assemelha-se mais a uma corrida para o fim do que a uma sementeira".

Hoje é património pacífico a ideia de que a limitação dos tempos de trabalho, além de evitar a hetero e a auto-flagelação dos trabalhadores, visa, ainda, objetivos fundamentais de segurança e saúde no trabalho. Assim,

---

[142] *Uma Beleza que nos Pertence*, Quetzal Editores, Lisboa, 2019, p. 199.

[143] *Rezar de Olhos Abertos*, Quetzal Editores, Lisboa, novembro de 2020, p. 51.

jornadas de trabalho infindáveis, excessivas, traduzem uma muito maior propensão para a sinistralidade laboral, flagelo terrível que tem acompanhado a caminhada histórica dos trabalhadores. E se há condições exógenas capazes de potenciar que os *trabalhadores percam a vida quando estão justamente a ganhá-la*, como dizia JORGE LEITE, é ponto assente e seguro que tempos de trabalho excessivos favorecem a infortunística laboral. E o seu esgotamento precoce, o seu envelhecimento prematuro, ancora na mesma realidade, isto é, em tempos de trabalho descomedidos, mal dimensionados, que em nada abonam para uma salutar competitividade empresarial e, sobretudo, para a realização do trabalhador.

A tutela da saúde do trabalhador[144] pressupõe, assim, que o horário de trabalho "seja uma cláusula essencial do contrato de trabalho" cuja ausência é capaz de o invalidar parcialmente por ser lesiva da dignidade humana. E se o horário de trabalho, a determinação qualitativa das horas de trabalho devidas ao empregador[145] tem essa carga axiológica fundamental, mais a terá a determinação

[144] LIBERAL FERNANDES, FRANCISCO, A Organização do Tempo de Trabalho à Luz da Lei n.º 21/96, de 23 de julho, in *Questões Laborais*, Ano IV, n.º 9-10, 1997, p. 129.

[145] Sendo que a sua quantificação corresponde ao período normal de trabalho.

quantitativa dos tempos de trabalho, ou seja, a fixação de um limite máximo da duração do trabalho, profundamente arreigada com a segurança e a saúde no trabalho[146]. É, pois, manifesto, que a fixação de intervalos de descanso e de descansos entre jornadas têm importância fundamental.

O Relatório SUPIOT[147] vai mais longe e procede à interligação da saúde e segurança no trabalho aos empregos precários, onde a incerteza do amanhã, a ignorância dos riscos e a precariedade do emprego têm efeito sinergético incalculável na sinistralidade laboral. Daí a Diretiva n.º 91/383/CEE, de 25 de junho de 1991 e, entre nós, a disciplina jurídica proibitiva da utilização de trabalhadores temporários em postos de trabalho particularmente perigosos para a segurança e saúde do trabalhador – artigo 175.º, n.ºs 4 e 6, e artigo 177, n.º 1, al. c), do Código do Trabalho e, ainda, a obrigação de informação à empresa de trabalho temporário, por parte do utilizador, sobre os riscos para a segurança e saúde do trabalhador inerente ao posto de trabalho a que será afeto.

---

146 LIBERAL FERNANDES, FRANCISCO, *Comentário às leis da Duração do Trabalho e do Trabalho Suplementar*, Coimbra Editora, Coimbra,1995, p. 41.

147 SUPIOT, ALAIN, *Transformations du travail et devenir du droit du travail en Europe*, Bélgica, 1999, p. 38.

Onde os tempos de trabalho podem ter incidência direta muito forte na sinistralidade laboral, e não só, é no domínio dos transportes rodoviários. Em causa está, também, a segurança de terceiros. Daí que não compreenda a tibieza das molduras sancionatórias, num domínio de fraude fácil – o tacógrafo parece ser *facilmente* manuseável – e onde a coima pode compensar, e, sobretudo, que estranhe o facto de não se fazer intervir, a este nível, o Direito Penal do Trabalho, com toda a sua carga dissuasora.

Também é verdade *lapaliciana* afirmar-se que a não contenção dos tempos de trabalho pode adensar o desemprego. E do que se disse mais atrás já resultou meridianamente a ideia. Parece, pois, que a limitação do tempo de trabalho não pode deixar de prosseguir, também, objetivos de equilíbrio do mercado de trabalho. O desemprego tem inúmeros custos económicos, sociais, psicológicos. A exclusão social a que conduz levar-nos-ia para outros domínios, que não sabemos nem podemos trilhar, sem que seja terra de ninguém, a justificar a afirmação de VIVIANE FORRESTER[148], quando diz que "para lá da exploração do homem há algo pior: a ausência de qualquer exploração". Afirmam-se, assim, as

[148] (1925-2013). Ensaísta, novelista e jornalista francesa. *O Horror Económico*, trad. António Rafael Amaro, Terramar, Lisboa,1997, p. 18.

cautelas a ter em conta por leis demasiado permissivas e compreensivas. Este é domínio em que algumas castrações de direitos dos trabalhadores também se afiguram defensáveis. Embora esta seja área particularmente pantanosa, perigosa, sensível, onde a *febre do ouro* sempre espreita, estou longe de afirmar o absolutismo das normas sobre os tempos de trabalho apenas para os empregadores. Parece que a Constituição não facultaria essa leitura, promovendo a autoflagelação dos trabalhadores. Assume-se a importância da redução e da flexibilidade dos tempos de trabalho na óptica da criação de emprego[149].

Por outro lado, o trabalho dignifica o homem. Esta asserção, repetidamente feita em várias cartas encíclicas papais,[150] não se compadece com o seu excesso ou com a sua errática organização, causadores de atropelos a bens e valores fundamentais do ser humano[151].

---

149 FREDERICO NAVARRO e ALEXIS TRICLIN, *El debate francés sobre la reducción del tiempo de trabajo*", in *RL*, 3, Madrid, 1999, pp. 110 e ss.

150 *Vide supra* I.3.

151 "Não é justo nem humano exigir do homem tanto trabalho que, pelo excesso da fadiga, embrutece o espírito e enfraquece o corpo. A atividade do homem, restrita como a sua natureza, tem limites que não se podem ultrapassar... Assim o número de horas de trabalho diário não deve exceder a força dos trabalhadores". Papa LEÃO XIII, (1891) – *De Rerum Novarum*.

O homem integra múltiplos grupos, realizando-se, *brevitatis causa*, em família e socialmente. Não é por acaso que a Constituição consagra, no art. 59.º, que "Todos os trabalhadores... têm direito: d) Ao repouso e aos lazeres, a um limite máximo da jornada de trabalho, ao descanso semanal..." e, na alínea b), garante-lhes o direito "À organização do trabalho em condições socialmente dignificantes, de forma a facultar a realização pessoal e a permitir a conciliação da atividade profissional com a vida familiar".

No Relatório SUPIOT[152] dá-se viva nota da importância profissional dos tempos da vida privada e familiar que, nalguns casos, não devem significar "uma ruptura na biografia profissional do trabalhador" mas, antes, "um momento normal da sua carreira".

Conclui-se, assim, pelo necessário equilíbrio entre tempos de trabalho e tempos livres. É, se quisermos, *otium* em contraposição ao *negotium*.

Também não se duvida que o tempo de trabalho e a sua duração é um dos temas menos consensuais e, por isso mesmo, mais debatido do Direito do Trabalho dos nossos dias e de sempre.

[152] *Op. cit.*, pp. 38 e ss.

A determinação quantitativa da dimensão temporal do trabalho confere liberdade ao trabalhador, afastando-o de uma situação de escravidão ou de servidão[153].

4.1. Como já foi dito, a Constituição da República, no artigo 59.º, diz o seguinte:

> "1. Todos os trabalhadores... têm direito:... d) Ao repouso e aos lazeres, a um limite máximo da jornada de trabalho, ao descanso semanal e a férias periódicas pagas.
>
> 2. Incumbe ao Estado assegurar as condições de trabalho, retribuição e repouso a que os trabalhadores têm direito, nomeadamente:... b) A fixação a nível nacional, dos limites da duração do trabalho".

Tratando-se de direitos e deveres económicos, é necessário a *interpositio legislatoris* para a sua densificação, o que ocorre, hoje, por via do Código do Trabalho. Vejamos,

---

[153] Lembro o 1.º de maio em Chicago, em 1886, com a greve dos tipógrafos, com a reivindicação de oito horas de trabalho por dia, com milhares de grevistas e mortos. A designação *Black Friday* advém dessa época, bem como a consagração da greve como um direito dos trabalhadores. Foi ainda essa greve que consagrou o 1.º de maio como o *Dia do Trabalhador*, sendo também o Dia de S. José.

A divisão do dia em três períodos de oito horas cada está na origem do Direito do Trabalho.

pois, os artigos que têm essa incumbência e que são, neste sentido, autêntico Direito Constitucional derivado.

Deve dizer-se, secundando o Acórdão do TC n.º 509/2002, de 19 de setembro[154], que é praticamente *communis opinio* doutrinária a de harmonizar e estabilizar a concretização legislativa alcançada com a liberdade de conformação do legislador, a fazer lembrar a *Constituição Dirigente e a Vinculação do Legislador*, de GOMES CANOTILHO.

O TC vai mais longe, diferenciando:

- Quando a Constituição tem uma ordem de legislar, suficientemente precisa e concreta, de que considero o artigo 59.º, n.º 1, alínea d), um caso emblemático, de tal modo que seja possível "determinar, com segurança, quais as medidas jurídicas necessárias para lhe conferir exequibilidade (cfr. Acórdão n.º 474/02 [...], a margem de liberdade do legislador para retroceder no grau de proteção já atingido é necessariamente mínima, já que só o poderá fazer na estrita medida em que a alteração legislativa pretendida não venha a consequenciar uma inconstitucionalidade por omissão..."

154 AcTC, vol. 54, pp. 19-53.

"Noutras circunstâncias, porém, a proibição do retro-cesso social apenas pode funcionar em casos--limite, uma vez que, desde logo, o princípio da alternância democrática, sob pena de se lhe reconhecer uma subsistência meramente formal, inculca a revisibilidade das opções político-legislativas, ainda quando estas assumam o carácter de opções legislativas fundamentais[155].

"Este tribunal já teve... ocasião de se mostrar particularmente restritivo nesta matéria, pois que no Acórdão n.º 101/92 (Acórdãos do Tribunal Constitucional, 21.º vol., pp. 389-390) parece ter considerado que só ocorreria retrocesso social constitucionalmente proibido quando fossem diminuídos ou afetados « direitos adquiridos» e isto «em termos de se gerar violação do princípio da proteção da confiança e da segurança dos cidadãos no âmbito económico, social e cultural», tendo em conta uma prévia subjetivação desses mesmos direitos".

Artigo 203.º do CT: "1. O período normal de trabalho não pode exceder oito horas por dia e quarenta horas por semana".

---

155 *Vide* Acórdão do TC 101/92 (Acórdãos do Tribunal Constitucional, 21.º vol., pp. 389-390.

Artigo 213.º "1. O período de trabalho diário deve ser interrompido por um intervalo de descanso, de duração não inferior a uma hora nem superior a duas, de modo a que o trabalhador não preste mais de cinco horas de trabalho consecutivo, ou seis horas... caso aquele período seja superior a 10 horas".

Artigo 214.º "1. O trabalhador tem direito a um período de descanso de, pelo menos, onze horas seguidas entre dois períodos diários de trabalho consecutivos".

Artigo 232.º "1. O trabalhador tem direito a, pelo menos, um dia de descanso por semana".

Artigo 238.º "1. O período anual de férias tem a duração mínima de 22 dias úteis".

Colocadas a nu as disposições legais citadas, e fora de positivismos *démodés*[156], vejamos, então.

[156] Em que "*Le juge c'est la bouche qui prononce les paroles de la loi*". MONTESQUIEU, Barão de La Bréde et de Montesquieu, de seu nome Charles-Louis de Secondat (1689-1755), em *De l' Esprit des Lois,* Livro XI, Cap. VI, 1748, diz que "*les juges de la nation ne sont que la bouche qui prononce les paroles de la loi, des êtres inanimés, qui n' en peuvent modérer ni la force ni la rigueur*", garantia da separação de poderes em que o juiz está subordinado à soberania da lei, sendo uma garantia contra uma criação arbitrária do direito.

4.2. Nas modalidades e efeitos da *Isenção de Horário de Trabalho*, velha flexibilidade do tempo de trabalho[157], o artigo 219.º do CT diz o seguinte:

"1. As partes podem acordar numa das seguintes modalidades de isenção de horário de trabalho:

a) Não sujeição aos limites máximos do período normal de trabalho;

...

2. Na falta de estipulação das partes aplica-se o disposto na alínea a) do número anterior".

Ora, parece, há aqui *equivocidade dolosa* do legislador. Senão, vejamos dois conceitos positivados normativamente:

---

[157] *Vide*, de nossa autoria, "Flexibilidade Temporal", *in Estudos de Direito de Trabalho em Homenagem ao Professor MANUEL ALONSO OLEA*, Almedina, Coimbra, 2004, pp. 105-121, "Comentário à sentença do Tribunal Administrativo do Círculo do Porto", *in MINERVA - Revista de Estudos Laborais*, Ano I, n.º 1, Almedina, Coimbra, 2002, pp. 172 e ss.

CORDEIRO, ANTÓNIO MENEZES, *Isenção de Horário de Trabalho, Subsídios para a Dogmática Atual do Direito do Trabalho*, Almedina, Coimbra, 2000), p. 90, MOREIRA, ANTÓNIO, Comentário ao Acórdão do STJ de 22 de setembro de 2004, *in MINERVA - Revista de Estudos Laborais*, Ano III, n.º 6, Almedina, Coimbra, 2005, pp. 135 e ss, e MOREIRA, ANTÓNIO, *A Moderna Gestão dos Tempos de Trabalho*, Lisboa, 1997, pp. 479-481.

Artigo 198.º do CT: "O tempo de trabalho que o trabalhador se obriga a prestar, medido em número de horas por dia e por semana, denomina-se período normal de trabalho".

Artigo 200.º: "1. Entende-se por horário de trabalho a determinação das horas de início e termo do período normal de trabalho diário e do intervalo de descanso, bem como do descanso semanal".

Ora, se em relação à parte final desta última norma há a salvaguarda do n.º 3 do artigo 219.º do CT, tudo o demais parece, *ex vi legis*, colocado em causa. E, tudo, são também as normas constitucionais referidas.

Parece, pois, que dizer o direito da norma constante da alínea a) do n.º 1 do artigo 219.º passa, no mínimo, por uma interpretação muito hábil que não coloque em causa, minimamente, e que não belisque, princípios ou *mandamentos* sagrados da ordem jurídica e que não nos coloque na posição de desdizer o direito da norma para que a mesma, respeitando-se, não colida com a limitação do tempo de trabalho.

Já havíamos defendido esta posição em 2002[158] quando, discordando da solução preconizada no *Anteprojeto do*

[158] *Vide*, "Código do Trabalho - Anteprojeto, Breve apreciação crítica", *in MINERVA - Revista de Estudos Laborais*, Ano I, n.º 1, Almedina, Coimbra, 2002, pp. 9-47.

Código do Trabalho a propósito dos efeitos da isenção de horário de trabalho, dizíamos[159] que o efeito da isenção do período normal de trabalho "... é um dos casos em que haverá que encontrar limites para evitar prestações de trabalho dificilmente contidas nas horas que o dia comporta, regredindo-se numa das caminhadas mais sólidas e dolorosas dos trabalhadores".

Na *Isenção de Horário de Trabalho* nem tudo vale. Como instrumento de gestão, visa flexibilizar a prestação de trabalho e não, o que na prática é maioritariamente pretendido, aumentar o tempo de trabalho, na melhor das hipóteses com o pagamento de uma hora de trabalho suplementar por dia, obtendo-se, por essa via, trabalho gratuito, escravo, diria mesmo, violando normas constitucionais e legais.

Convém insistir que o empregador que, em geral, recorre a este instituto, é para conseguir mais trabalho. Não sei, no entanto, como é que estando todo o trabalho prestado sujeito a registo, a ACT não elimina este terrível cancro social que, além do mais, só prejudica a empregabilidade da legião de desempregados que procura trabalho.

---

159 *Idem, ibidem*, p. 23.

4.3. Novas formas de flexibilidade do tempo de trabalho são a *Adaptabilidade Individual* e a *Adaptabilidade Grupal*, consagradas, respetivamente, nos artigos 205.º e 206.º do CT[160].

Diz o primeiro, no n.º 1, na parte que nos interessa, que a referida adaptabilidade é feita por acordo e este, nos termos do n.º 4, "... pode ser celebrado mediante proposta, por escrito, do empregador, presumindo-se a aceitação por parte do trabalhador que a ela não se oponha, por escrito, nos 14 dias seguintes..."

E o artigo 206.º, a propósito da *Adaptabilidade Grupal*, acrescenta:

> "2. Caso a proposta a que se refere o n.º 4 do artigo anterior seja aceite por, pelo menos, 75% dos trabalhadores... o empregador pode aplicar o mesmo regime ao conjunto dos trabalhadores dessa estrutura".

Então, o trabalhador que disse não à proposta prevista no n.º 4 do artigo 205.º é tido, *ex literis*, como se sim tivesse dito, por força do n.º 2 do artigo 206.º? *Mas isto é Direito*?

---

[160] Considerações similares às que vão ser tecidas valem, *mutatis, mutandis*, para o *Banco de Horas Grupal* – artigo 208.º B, introduzido no CT na reforma de 2012.

Onde está presente o respeito pela vontade dos trabalhadores, considerados *uti singuli*?[161] Onde fica o princípio da autonomia da vontade?

Concluindo: não me assistem muitas dúvidas em defender que a solução legal encontrada no n.º 2 do artigo 206.º colide com princípios fundamentais e básicos do Direito e, por isso mesmo, não pode ser imposta ao trabalhador que já tivesse dito não, repetindo, pela profunda desconsideração da sua vontade expressa. A lei não pode dizer a quem disse *não* que, por força do jogo de uma estranha *democracia*, é havido como se *sim* tivesse dito. Moderna forma de escravatura?

4.4. Continuemos com o direito de *férias*, com a visão das normas constantes do artigo 238.º do CT e do artigo 59.º, n.º 1, al. d), *in fine*, da Constituição.

O direito a férias é irrenunciável, sendo inválido o acordo do trabalhador que a elas renuncie. É o que estatui o n.º 3 do artigo 237.º. E tanto assim é que a violação do direito a férias, epígrafe do artigo 246.º, obriga o empregador a pagar ao trabalhador o triplo do valor correspondente

---

[161] *V.g.* 3 querem a adaptabilidade e 1 não quer. Nesse sentido se pronunciou por escrito. O Direito pode *fazer de conta*? E todos sabemos como podem ser formadas certas maiorias no âmbito das organizações.

às férias em falta e a conceder o tempo de férias não gozado.

Mas, sendo assim, como compreender a parte final do artigo 247.º, n.º 1, do CT quando diz que "O trabalhador não pode exercer durante as férias qualquer outra atividade remunerada[162], salvo quando … o empregador o autorize"? É nosso entendimento que, em obediência a princípios maiores – *mandamentos* – do Direito do Trabalho, tal não é possível. O empregador, que está inibido de, no período de férias, ter o trabalhador ao seu serviço, não pode, por maioria de razão, autorizá-lo[163] a prestar serviços a terceiros, e porventura, *terceiros* num rótulo jurídico cheio de mazelas, com a intervenção de biombos que nada ou pouco tapam.

4.5. Passaria a fazer uma referência ao *trabalho suplementar* a propósito dos limites consagrados no artigo 228.º do CT.

Que o *trabalho suplementar não pode prejudicar o emprego*[164] resulta, desde logo, do n.º 1 do artigo 227.º.

[162] Mesmo que mediante outro contrato, que não o de trabalho.

[163] Cedê-lo, diria eu, ou ter-se-á, desde há muito, voltado ao *dominus*, ao senhor do *quero*, *posso* e *mando*?!

[164] Bem escasso. Os trabalhadores da *cidadela* já estão protegidos ou, pelo menos, não estão excluídos. *Vd.* FORRESTER, *op. cit.*

Quanto aos limites temporais à sua prestação, importa considerar que, por força do n.º 3 do artigo 228.º, por instrumento de regulamentação coletiva de trabalho[165], tratando-se de trabalhador a tempo parcial, o trabalho suplementar pode atingir duzentas horas por ano, o que não é possível por lei, o que traduz desconfiança do contrato de trabalho, não obstante a referência ao acordo individual na 1.ª parte do n.º 3 desse artigo, embora com limites inferiores, desconfiança patente, desde logo, nos n.ºs 1 e 5 do artigo 3.º do CT.

Pergunta-se: então, o trabalhador em regime de tempo parcial pode atingir o mesmo limite temporal de trabalho suplementar que um trabalhador a tempo inteiro ou ultrapassá-lo, de acordo com o n.º 2 do artigo 228?! Repare-se que o trabalho a tempo parcial, horizontal ou vertical, isto é, em todos ou em alguns dias da semana, respetivamente, pode ser muito reduzido. Estabelecer um limite similar não é chamar à colação a figura do abuso do direito por violação da boa fé? De facto, um trabalhador a tempo inteiro que tenha, *v.g.*, um período normal de trabalho semanal de 40 horas, trabalha, não faltando, pouco mais de 1800 horas por ano. Podem acrescer, no limite, 200 horas de trabalho suplementar. E um trabalhador

---

[165] De natureza negocial, entenda-se.

que tenha um tempo parcial de 20 horas semanais e outros dois regimes jurídicos similares de 10 horas cada? O período normal de trabalho semanal é igual. E quanto ao trabalho suplementar? Bem, a esse nível parece que podem prestar 600 horas. E podem ser mais pela simples razão, como se dirá, de que a violação dos limites não é objeto de sanção. A solução parece absurda e leva à desconsideração do trabalho a tempo parcial, pondo em causa a *ratio* da sua consagração. Se formos mais arrojadas poderemos considerar que estamos perante as fronteiras móveis da nova escravidão ou do novo trabalho forçado.

Convém não esquecer que além das questões colocadas, houve um embaratecimento do custo do trabalho suplementar. Mais um retrocesso, eventual derrapagem rumo a trabalho do quarto tipo...

O pior, em opinião pessoal, é que a violação dos limites legais do trabalho suplementar, de acordo com o n.º 5 do artigo 228.º do CT, implica a prática de uma contra-ordenação muito grave e a violação dos limites mais abertos[166] do n.º 2 – duzentas horas – é uma contra-ordenação grave. Porém, o que é preocupante, é que para a violação do disposto no n.º 3 não há qualquer sanção prevista. *Simples lacuna*? *Desconsideração* dos trabalhadores em

[166] Determinados por contratação coletiva de trabalho e sempre para trabalhadores a tempo inteiro.

regime de tempo parcial? *Cedências*, inconsistentes, numa legislação concertada? Erro legislativo? Ou a desregulação significa a antecâmara de um outro tipo de trabalho, do *quarto tipo*, de novo trabalho escravo, de novo trabalho forçado?

4.6. E regressemos ao artigo 247.º, à violação do direito a férias e aos trabalhadores em regime de tempo parcial[167]. A possibilidade de exercer outra atividade durante as férias é viável quando o trabalhador já exerça a atividade cumulativamente. Porém, julgo eu, considerando o *ADN* do Direito do Trabalho, as lutas pelos limites legais dos tempos de trabalho, a sua consagração legal, a afirmação constitucional do princípio, a rarefação dos postos de trabalho, tudo isto aponta no sentido de que o *pluriemprego subordinado*, excetuando, naturalmente, os trabalhadores em regime de tempo parcial, parece que está vedado aos trabalhadores em regime de tempo inteiro, muito embora a proibição legal expressa só figure, no artigo 80.º, n.º 1 do Código do Trabalho, para os menores, como reforçaremos já a seguir.

Aderir à posição veiculada pressupõe que as normas sobre tempo de trabalho não podem ser consideradas

[167] O que envolve uma tomada de posição quanto ao *pluriemprego*.

normas de via única, que vinculam apenas o empregador. E, mesmo em relação a este, há quem entenda que é possível que um trabalhador tenha com o mesmo empregador mais do que um contrato de trabalho, com desrespeito dos limites máximos dos tempos de trabalho, isto é, do período normal de trabalho semanal, desde que os contratos tenham objetos distintos, situação e posição que se repudiam. A ser viável um tal entendimento, as normas sobre limites do tempo de trabalho seriam uma *miragem* e esvair-se-iam todas as finalidades a elas associadas.

Admite-se que a prática não favorece o nosso entendimento, isto é, o de que o pluriemprego de um trabalhador que exerce as suas funções em regime de tempo inteiro parece resultar proibido por lei. Bem se sabe que existe a norma do artigo 80, n.º 1.º, a propósito do pluriemprego dos menores, em que se diz, expressamente que "... a soma dos períodos de trabalho não deve exceder os limites máximos do período normal de trabalho". Trata-se, na nossa perspetiva, de reforçar a norma do n.º 1 do artigo 73.º, exatamente igual à do n.º 1 do artigo 203.º para os trabalhadores maiores, e de *lembrar* qual o regime de tempo aplicável quando o menor "... trabalha para vários empregadores...". Isto é, na minha perspetiva, repito, não havendo referência expressa no regime de tempo de trabalho a tempo parcial – artigos 150.º a 156.º do CT

– aos limites temporais aplicáveis, consagra-se, fora da sistemática correta, o princípio geral quanto aos limites dos tempos de trabalho dos trabalhadores desse regime. E não é mais do que isso. O *trabalho do quarto tipo* a isso leva, também.

As ideias expostas quanto às irradiações das normas sobre tempo de trabalho são, até pela parca ausência de citações, muito controvertidas. Porém, com dúvidas, naturalmente, as posições assumem-se em abono de um Direito mais inclusivo, antropologicamente mais amigo do trabalhador[168], e inimigas do intitulado *trabalho do quarto tipo*, que pode *roçar* a escravidão, a servidão e o trabalho forçado, excessivo.

Como se disse, também, ao trabalho, que *roça* a escravidão, e ao trabalho forçado, na modernidade, apelidamos *trabalho do quarto tipo*.

---

[168] Remete-se para a p. 79 do Relatório já citado do BIT – *Trabalho Digno em Portugal – 2008-2018*.

A Serra do Marão e ... recordações de infância....

5.
O PLURALISMO DO DIREITO DO TRABALHO E MODELOS CONTRATUAIS COM LAIVOS DE NOVO TRABALHO FORÇADO OU DE NOVA ESCRAVIDÃO

É comum dizer-se que o Direito do Trabalho é um *arquipélago* de regimes jurídicos e de subordinações e não um *continente*[169]. De facto, o CT não é compreensivo de todos os modelos contratuais laborais, ao que acresce que, dentro do próprio Código, há modelos autonómicos[170].

---

[169] Curioso salientar que da escravidão, em traços gerais, transitou-se para a servidão e, desta, para a subordinação, jurídica, entenda-se. Naturalmente que a compressão dos poderes e a extensão dos direitos sofreram mudanças significativas. A questão, porém, reside em saber quando é que, em casos de subordinação jurídica, podem existir situações a caminho das outras figuras referidas, isto é, quando é que um contrato de trabalho, *livremente celebrado*, não é livre. Acrescem as situações, claro está, de ausência de contrato de trabalho e, ainda, dos contratos de prestação de serviço (no singular, como ensinava INOCÊNCIO GALVÃO TELLES, in *Dos Contratos em Especial*, e está consagrado no artigo 1154.º do Código Cívil) impróprios e abusivos.

[170] Refiro, *inter alia*, o teletrabalho, a comissão de serviço, o trabalho intermitente e o trabalho temporário.

O teletrabalho tem vindo a merecer, com a Covid-19, alterações legais, nomeadamente determinantes da sua imposição ao

É vulgar, a este propósito, referir-se o *pluralismo* do Direito do Trabalho. E é nestes modelos que coloco algumas dúvidas quanto à sua eventual derrapagem para casos que, *in extremis*, podem colidir, genérica e nomeadamente, com o artigo 4.º da CEDH.

5.1. O regime jurídico do contrato de *trabalho doméstico*, constante do DL n.º 235/92, de 24 de outubro, é prestado, em geral, na esfera jurídica de um agregado familiar que, não prosseguindo o lucro, vai determinar algumas especificidades regulativas.

Neste regime jurídico há um artigo, o 14.º, com a epígrafe *Intervalos para refeições e descanso,* que pode levantar dúvidas quanto à sua harmonização com o artigo 4.º, n.º 2, da CEDH. Assim, muito embora o n.º 1 garanta o primeiro, convém lembrar e pensar na restrição da sua última parte quando diz "... sem prejuízo das funções de

---

empregador, quando haja condições para o seu exercício, o que bem se compreende face aos sucessivos confinamentos. A questão é da promiscuidade com o trabalho doméstico, nomeadamente a incumbência de filhos que, sendo menores de 12 anos, poderiam determinar o apoio da segurança social a um dos pais. Sucede, porém, que o teletrabalho da Covid se sobrepõe ao apoio da segurança social, determinando maior esforço do trabalhador e trabalho de pior qualidade. O Estado, muito embora a título excecional, não está a contribuir para a *derrapagem* do contrato de teletrabalho que, *in casu*, parece caminhar para o 4.º tipo?

vigilância e assistência a prestar ao agregado familiar". A questão é esta: onde termina o limite? Quando começa o abuso? Onde há a derrapagem para o *trabalho do 4.º tipo*? Devo acrescentar que não se deve confundir o trabalho doméstico com o do cuidador. Qual o regime jurídico aplicável a este último? Essa é outra questão...

O n.º 2 do mesmo artigo parece colocar mais questões na medida em que, depois de garantir, para o trabalhador alojado, o direito a um repouso noturno de, pelo menos, oito horas seguidas, que não deve ser interrompido, logo vem dizer, limitando o direito, a não ser que "... tenha sido contratado para assistir doentes ou crianças até aos 3 anos". E volta a colocar-se a questão: o direito ao repouso noturno não é transponível para outro período, como parece resultar *ex vi legis*? Não o sendo, estamos nos limiares do trabalho forçado, ou, quiçá, da escravidão[171].

E que dizer quanto ao cálculo da retribuição em espécie a que se reporta o n.º 2 do artigo 9.º? É livre? Repare-se que, quanto ao contrato de trabalho de regime comum, e para situação similar, há os limites do n.º 2 do artigo 274.º do CT. E a proibição do artigo 129.º, n.º 1, alíneas h) e i)? E a prática do *truck system*? Não poderá haver algum trabalho verdadeiramente não pago?

---

[171] *Vide*, infra, *Siliadin v. França*, de 26 de julho de 2005.

5.2. E que dizer do regime jurídico do *trabalho no domicílio*, constante da Lei n.º 101/2009, de 20 de setembro, com a desmaterialização forçada das empresas e a coação psicológica sobre os trabalhadores, agora em condições muito diferentes, e que podem ter o mesmo trabalho no seu domicílio?! Conviverá bem a situação com o artigo 4.º da CEDH? Claro que há *adesão* dos trabalhadores, à míngua de melhor remédio e, muitas vezes, em clima de terrorismo psicológico… de vulnerabilidade. A vontade pode não existir… Os tempos da SARS-CoV-2, a pretexto do confinamento, podem, à distância, prejudicar uns e ajudar outros, laboralmente falando. Noutras crises assim foi… Em termos gerais pode dizer-se que o trabalho no domicílio é um retrocesso social. Claro que há exceções…

E o novo *Teletrabalho* ou, na linguagem mais abrangente da modernidade pandémica, o *Trabalho Remoto*, assim referido no dia 9 de março de 2021, no âmbito da Presidência Portuguesa do Conselho da União Europeia, na *High-Level Conference on the Future of Work*, no Centro Cultural de Belém, por TERESA COELHO MOREIRA?[172] Inaugurado pela pandemia, e era medida necessária, foi

---

[172] Coordenadora Científica do *Livro Verde Sobre o Futuro do Trabalho em Portugal 2021*, juntamente com *GUILHERME MACHADO DRAY*.

massificado, salvou muitas pessoas da Covid-19, mas não terá aberto as portas a um novo tipo de escravidão, com trabalhadores mais do que polivalentes, com filhos em aulas *online*, muitas vezes sem condições, e pais que não são professores, com ausência de meios tecnológicos e de apoios, subrogando-se à Segurança Social?! Claro que a moda, como está, não vai pegar. O Estado não a deseja e os trabalhadores não o querem. Mas têm sido tempos muito difíceis...

Mas, não fora o Estado e a UE, seria mais difícil para Portugal. E uma coisa parece certa: não haverá *neoliberalismo*...

5.3. No regime dos contratos de *trabalho dos profissionais de espetáculos*, e que consta da Lei n.º 4/2008, de 7 de fevereiro, também a situação da pluralidade de trabalhadores, em que pode haver um chefe de grupo, de acordo com o artigo 9.º, pode levantar problemas de trabalho exercido e não pago, ou não pago na proporção adequada, sobretudo quando se trate de trabalho de estrangeiros, previsto no artigo 4.º. Julga saber-se que há casos que resvalam, a troco do *amor à camisola*, para trabalho forçado, não pago, e com ameaças de denúncia[173]

[173] Ao Serviço de Estrangeiros e Fronteiras. O que gera um medo atroz...

para expulsão. A pandemia da SARS-CoV-2 não deixa desenvolver questões tão densas. Os novos tempos, já de si muito maus, não são bons em tema tão importante... E o novo tempo aproxima-se e não pode deixar ficar, também a este nível, tudo como estava...

5.4. O *trabalho temporário*, a que REGINA REDINHA chama *A Relação Laboral Fragmentada*[174], pela inconsistência do regime de renovações contratuais, feitas, muitas vezes, por dias e com avisos prévios de algumas horas, levanta os problemas inerentes à *reificação* ou *coisificação* do trabalhador, à sua desconsideração, insegurança e incerteza, não compatíveis, ao que julgamos, com o artigo 4.º da CEDH. *Vide* artigo 182.º do CT. O regime de cedência do artigo 185.º adensa algumas dúvidas, bem como o artigo 183.º, com a epígrafe *Forma e conteúdo do contrato de trabalho por tempo indeterminado para cedência tem-*

[174] REDINHA, MARIA REGINA GOMES, *A Relação laboral Fragmentada*, BFDUC, 12, Coimbra Editora, Coimbra, 1995. A autora refere, na p. 15, o carácter acrobático da sua regulamentação e, na p. 19, a relação triangular ou triédrica. Acrescenta, ainda, que muito embora tenha sido no Reino Unido que este modelo contratual teve condições de ocorrência entre as duas Guerras Mundiais, foi com a *Manpower*, em 1948, nos EUA, que a figura singrou. Trabalho temporário em que "... o empregador contrata quem não emprega e o utilizador emprega quem não contrata..."

porária, algo que é novidade relativamente recente. Este *vai-vém* de um trabalhador efetivo levanta-nos reservas[175] e sugere-nos a existência de trabalho obrigatório – artigo 4.º, n.º 2, *in fine*, da CEDH, *trabalho do quarto tipo*, em que o desemprego está sempre presente. Não será por acaso que houve muita relutância em acantonar juridicamente o trabalho temporário.

5.5. Sabe-se, e já o dissemos, que, nas vésperas da história laboral do Direito, estão os *menores*, as *mulheres*, o *tempo de trabalho*. E o CT dedicou ao trabalho de menores, nos artigos 66.º a 84.º, uma disciplina jurídica equilibrada. Porém, tanto quanto se julga saber, e as ações inspetivas da ACT o demonstram, os menores são mão de obra apetecível e barata[176], que percorre a construção civil, as confeções e, em geral, a indústria têxtil. Que dizer?

---

[175] Maiores reservas levanta a redução salarial, *ex vi legis* – artigo 184.º, n.º 2, alínea a), como que transferindo o risco da ausência de uma *missão*, em parte, para o trabalhador. Este *retrocesso*, faz apelo ao artigo 4.º, n.º 1,da CEDH, e coloca, novamente, a interrogação sobre a receção jurídica *tão tardia* do trabalho temporário, quer ao nível da OIT, quer ao nível de diversos ordenamentos jurídicos.

[176] Sobretudo nas obras de construção civil não são raros os casos de pais que pedem aos empregadores para os filhos irem trabalhar, muitas vezes a *troco de nada*, para aprenderem a arte ou, como dizem, para se *fazerem homens*, deixando de ser *crianças*. E assim

Que parece ser *campo* fácil para *trabalho do quarto tipo*, para esquecimento do artigo 4.º da CEDH.

O ano de 2021 foi Declarado Ano Internacional para a Eliminação do Trabalho Infantil, o que deveria ser conseguido até 2025, de acordo com a meta 8.7 do Objetivo de Desenvolvimento Sustentável.

Deve lembrar-se que, segundo dados da OIT, em 2016 havia 152 milhões de crianças, a partir dos 5 anos de idade, a desenvolver trabalho infantil, sendo que, praticamente metade, executavam trabalhos perigosos.

Na *Agenda 2030 para o Desenvolvimento Sustentável*, da ONU, também se preconiza a extinção do trabalho infantil, chaga do início da industrialização, em fins do século XVIII, e que teima em persistir.

O trabalho das crianças é o que de mais deplorável pode haver. Como se sabe, nos inícios da industrialização, depois da *queda* dos homens e, mais tarde, das mulheres, foram as crianças que *alimentaram* a 1.ª Revolução

---

pode derrapar-se para a escravidão, trabalho forçado ou trabalho obrigatório.

A propósito, SOEIRO PEREIRA GOMES (1909-1949), *Os Esteiros*, 1941, ilustrado por ÁLVARO CUNHAL, ele que deu nome à sede do PCP, dedica o livro "*aos filhos dos homens que nunca foram meninos*", e onde o Gaitinhas, criança, tem papel determinante na narrativa e nos leva ao trabalho infantil.

Trabalho Infantil

Industrial. Devem lembrar-se, de VILLERMÉ[177], as considerações que formula sobre o estado de envelhecimento precoce dos jovens trabalhadores quando se apresentavam à inspeção para prestar serviço militar. Estavam velhos aos 19, 20 anos.

Mas, como dizia, o trabalho infantil, pese embora, entre nós, a sua verberação pelas normas dos artigos 66.º e ss. do Código do Trabalho, a verdade é que continua a ser mão de obra apetecível em muitos países, sobretudo porque é barata. E como se diz em outro lugar do livro, um pouco mais à frente, em 6.3., as grandes multinacionais são peritas em captar essas crianças. O Papa FRANCISCO – *Fratelli Tutti* – lembra a morte de milhões de crianças, e a redução a esqueletos humanos de outras, por causa da pobreza e da fome. Um horror… E que medidas concretas estão a ser tomadas?[178]

…

Os escravos da atualidade estão no meio de nós.

---

[177] VILLERMÉ, LOUIS RENÉ (1782-1863), médico e epidemiologista francês, *Tableau de l' état physique et moral des ouvriers employés dans les manufactures de coton, de laine et de soie* (2 volumes), 1840, um pouco mais à frente, em 6.3.

[178] Como diz MEGA FERREIRA, *Trocado por Miúdos*, Porto Editora, Porto, 2013, p. 56, não há nada de mais estimulante do que ver num rosto de criança o incêndio de uma descoberta.

Servidão involuntária, trabalho forçado, servidão doméstica, chantagem, violência, abuso... tudo isto pertence ao universo da escravidão moderna, que depende, em boa parte, do tráfico de seres humanos.

Parece coisa do passado, mas não é...

Parece que só acontece do outro lado do mundo, mas não é verdade...

Com alusão à *escravidão humana*, a voz mais autorizada do nosso tempo[179] lembra a existência de milhões de pessoas - crianças, mulheres e homens, de todas as idades - que são privadas de liberdade e forçadas a viver como se fossem objetos ou coisas. É a reificação total. E são de todos os cantos do mundo, aliciadas, múltiplas vezes, por redes sociais, por tecnologias informáticas, com falsas promessas de empregos bem pagos, na maioria dos casos, induzidas em erro, em todos. É a ignomínia, o opróbio e a infâmia que campeiam, sem dó nem piedade, com a existência de vis criminosos, desrespeitando totalmente a *dignidade humana*.

Papel muito relevante tem, a este nível, a UNODC, com escritório em Viena de Áustria, e a E4J.

[179] Papa FRANCISCO -*Fratelli Tutti.*

Serra da Estrela

6.
ESTATÍSTICAS

O tema deste livro, despretensioso, não é algo do passado. É fenómeno atual. Como alguém disse, é tema polémico e muito similar ao das mudanças climáticas: todos sabem que acontecem, que existem neste preciso momento, mas muitos negam a sua existência, não por ignorância, mas pela *febre do ouro.*

Não faz mal algum que comecemos a pensar. Pensemos, pois.

6.1. Quantos milhões de pessoas vivem situações de escravidão, servidão, trabalho forçado, exploração infantil, trabalho excessivo? Quantos vivem em situação de escravidão, dita, moderna? E haverá empresas, grupos económicos, bem conhecidos internacionalmente, que enveredam por essas práticas hodiernas e horrendas?

Portugal é um paraíso nesta temática?

Muitos conhecem parte das respostas. A tibieza, porém, parece falar mais alto…

6.2. Dos casos apontados quanto ao *tempo de trabalho* e à sua *adaptabilidade*, bem como dos que foram referidos em 5., não podemos colocar-nos à margem. É sabido que, entre nós, o horário é esticado para se sair mais tarde do trabalho e que há algum terrorismo psicológico contra uma *política de natalidade* na idade fértil normal da mulher. Na verdade, ter filhos aumenta a *margem* da escravidão. Que o digam as mães trabalhadoras e desempregadas. A prova, *sempre a prova*, de abuso da posição dominante é muito difícil. E as leis, nomeadamente o artigo 63.º do Código do Trabalho, até estão bem concebidas, com a obrigatoriedade, de parecer prévio da Comissão para a Igualdade no Trabalho e no Emprego para que um procedimento de despedimento possa avançar, Mas não chega... É, também, uma questão de mentalidades e estas... custam muito a mudar.

Como se disse, também, os *horários flexíveis* poderiam ajudar, mas o CT, tendo embaratecido o trabalho suplementar, criou sistemas de adaptabilidade a custo zero. São estas situações que, na nossa perspetiva, tal como ocorre com o trabalho excessivo, *roçam* a violação do n.º 2 do artigo 4.º da CEDH e nos reconduzem ao título do livro.

Não nos circunscrevemos, pois, aos 26.000 casos que, em Portugal, se encontram em situação de escravidão moderna[180].

6.3. Em termos globais, e considerando elementos da *Walk Free Foudation*[181] os dados são os seguintes:

- África – 9.240.000, com trabalho forçado em 37%, e casamentos forçados 63%;
- América – 1.950.000, sendo 66% de trabalho forçado e 34% de casamentos forçados;
- Arábia – 520.000, sendo 67% de trabalho forçado e 33% de casamentos forçados;
- Ásia e Pacífico – 24.990.000, com 66% de trabalho forçado e 34% de casamentos forçados;
- Finalmente, a Europa e a Ásia Central com 3.590.000 pessoas, sendo 91% de trabalho forçado e 9% de casamentos forçados.

Como é facilmente constatável, os números, e que não são compreensivos de todas as modalidades, são impressionantes. 71% são mulheres e 29% homens. O trabalho forçado, em sentido que pode incorporar todo o artigo 4.º da CEDH, representa 24,9 milhões de pessoas e o casamento forçado 15,4 milhões.

---

180 Walk Free Foudation (2018), p. 94.

181 *Op. cit.*, pp. 68, 76, 82, 86 e 92.

O *Relatório* dá nota, clara, do recrutamento de crianças para as forças armadas para *utilização* em conflitos bélicos, o que é, inequivocamente, uma forma terrífica de escravidão.

Nas três primeiras causas de escravidão e trabalho forçado, o *Relatório* esclarece: os países com índices mais elevados de recurso à escravidão são países marcados por conflitos armados, como é o caso, da Eritreia, Burundi, República Centro Africana, Afeganistão, Sudão do Sul e Paquistão; o trabalho forçado mais intenso é determinado pelo Estado, como é o caso da Coreia do Norte, Eritreia e Burundi; a exploração, sobretudo de mão-de-obra estrangeira, atinge países como EUA, Austrália, Reino Unido, Alemanha, França, Holanda e muitos outros Estados desenvolvidos. E esta terceira asserção exige, ainda, maiores cautelas.

Especificamente em relação à Coreia do Norte, com uma população de 25,24 milhões de pessoas, estima-se que em cada 1000 há a vitimização de 104,6 pessoas, e que 73,3 da população total está em situação de vulnerabilidade.

A Mauritânia é o país com maior proporção de escravos em relação à população total (4%), seguida do Uzbequistão (3,97%), do Haiti (2,3%), do Qatar (1,36%) e da Índia (1,14%). Este Estado, considerando a sua população global, é o que regista maior número absoluto de pessoas em situação atual de escravidão – 14,29 milhões de pessoas. A pandemia SARS-CoV-2 e a COVID-19 catapultaram a Índia para as bocas do mundo pelos números de infetados e percentagens de mortes, bem como pela prática incapacidade de resposta, às catástrofes referidas...

Como é facilmente aferível, o continente com menos escravidão é a Europa, e o que regista maior número de escravos é a Ásia.

Os países que registam os primeiros lugares de ausência de escravidão são, por esta ordem, Islândia, Irlanda e Luxemburgo.

Portugal, regista índices preocupantes, mas modestos: 2,5 de vítimas por cada 1.000 habitantes e 26.000 vítimas na população global de 10.418.000 pessoas.

Várias multinacionais estão ligadas à moderna forma de escravidão, como é o caso, entre outras, da KYE, Microsoft, HP, Xbox, Apple, Nokia, Néstle, Zara e Women's Secret, algumas com salários de miséria, com trabalhadores de tenra idade e com jornadas de trabalho de 15 horas por dia e 7 dias por semana.

Segundo relatórios do *Programa de Ação Especial para Combater o Trabalho Forçado (OIT)*, o tráfico de seres humanos gera 32 bilhões (milhões de milhões) de dólares por ano. Metade das vítimas são de menor idade, sendo 44% das vítimas traficadas com o objetivo da exploração sexual, 32% para exploração no trabalho e 24% para as duas modalidades.

Como referem MASCARENHAS, DIAS E BAPTISTA[182], a escravidão moderna insere-se num sistema de gestão de pessoas que atinge os seus direitos humanos, nomeadamente quanto à compressão da liberdade, às condições degradantes de trabalho e às jornadas excessivas. Os referidos autores assumem que a escravidão contemporânea é uma prática de gestão onde existe a desconsideração da pessoa humana e uma terrífica exploração económica e sexual. A escravidão é um aspeto nefasto da globalização, é a sua *ovelha ronhosa*.

Os autores identificam três formas de escravidão moderna: jornada excessiva; condições degradantes de trabalho; e restrição à mobilidade dos trabalhadores, a que eu acrescento geográfica e funcional. E os grupos mais vulneráveis, e nós secundamos essa opinião, são os desempregados, os que têm rendimentos muito baixos e, ainda, os que têm um baixo nível de escolaridade. Acrescem os portadores de outras vulnerabilidades, como é o caso da vulnerabilidade física, psicológica, social e, até, política. Acresce, ainda, como já referimos, a situação imigratória irregular.

---

182 MASCARENHAS, DIAS e BAPTISTA (2015), *Elementos para a Discussão da Escravidão Contemporânea como Política de Gestão*, in RAE – Revista de Administração e Empresas, vol. 55, n.º 2, 2015.

Alto Douro Vinhateiro, Património Mundial da UNESCO.
Terra de Vinho do Porto, de vindimas, de indianos, de nepaleses....

7.
TRIBUNAL EUROPEU DOS DIREITOS HUMANOS – TEDH

Depois de se ter concluído que o *trabalho escravo contemporâneo* equivale a uma situação de trabalho forçado que implica compressões à liberdade do trabalhador, e com o recebimento de um valor pecuniário insuficiente para a satisfação das suas necessidades mais básicas, sendo múltiplas vezes as relações de trabalho avessas à legislação, dir-se-á que a *escravidão moderna* pressupõe relações de trabalho nos termos das quais os trabalhadores, sob múltiplas ameaças, são forçados a exercer uma atividade sem o concurso da sua vontade, com ausência total de liberdade, sendo considerados propriedade do *dominus*. E, com este enquadramento concetual, o artigo 4.º da CEDH pode respirar, e respira, um quadro de compreensão ou de densificação muito aberto, abarcando *zonas cinzentas*, onde, decerto, o TEDH[183], o *braço armado* do

---

[183] Com sede em Estrasburgo, foi criado em 1959, muito embora só tenha passado a constituir um órgão permanente em 1998. Por seu lado, o Conselho da Europa foi fundado em 5 de maio de 1949 e tem sede em Estrasburgo. Integra 47 membros efetivos e 8

Conselho da Europa, tem manifestado uma compreensão que, por mais radical, pode ser mais limitadora dos casos a subsumir no âmbito do inciso legal citado[184].

7.1. Desde a sua criação e até ao dia quinze de janeiro de 2019, o TEDH apreciou 357 (trezentos e cinquenta e sete ações) interpostas com base na violação, *inter alia*, do artigo 4.º da CEDH[185]. Os casos que obtiveram provimento parcial foram 82 (oitenta e dois), sendo apenas 9 (nove)

---

observadores, sendo 10 os membros fundadores (5 no Conselho e 3 na Assembleia). Todos os países que integram a União Europeia fazem parte do Conselho da Europa. Portugal solicitou a sua adesão em 19 de agosto de 1976, tendo sido aprovada por unanimidade em 16 de setembro do mesmo ano, tornando-se membro efetivo em 22 de setembro de 1976.

[184] KOSKELO, Pauliine, juiz do TEDH, in *SM v Croácia*, pedido 60 561, julgamento em 19 de julho de 2018, formula um voto de vencido onde diz, nomeadamente e na matéria que nos importa, que o TEDH apreciou "...Factos que não foram invocados na queixa apresentada... "e que "... ao fazê-lo o Tribunal foi além..." do caso *sub judice* "...e ultrapassou os limites da sua jurisdição". Acrescenta o magistrado do TEDH, que "uma queixa é concretizada e limitada pelos factos alegados..." e, ainda, que "... o alcance de um caso obriga o tribunal a ficar circunscrito aos factos apresentados pelo recorrente - artigo 32.º da Convenção".

A posição do TEDH em *SM v Croácia* poderia, pela possível similitude, remeter para a figura processual laboral da condenação *ultra vel extra petitum*.

[185] A pesquisa foi efetuada na base de dados HUDOC, com a reserva de que não há filtros que permitam evitar duplicações.

as decisões totalmente favoráveis e, destas, nenhuma é posterior ao ano de 2007[186].

Do *Relatório Anual 2018 do Conselho da Europa* – Comité de Ministros, bem como da página *web* do ECHR, resulta no período referido, o seguinte quadro de violações do artigo 4.º:

- Chipre – 1
- Croácia – 1
- França – 2
- Grécia – 3
- Reino Unido – 1
- Rússia – 1

Portugal foi objeto de três queixas, todas improcedentes:

- *Renda Martins c. Portugal* – 50085/99, de 18.01.2001
- *Antunes Rocha c. Portugal* – 64330/01, de 30.09.2004
- *Castanheira Barros v. Portugal* – 6159/13, de 20.10.2015

No *Caso Renda Martins c. Portugal*, ao impetrante José Renda Martins, que sofrera um acidente de trabalho a

---

[186] Fazemos a afirmação com reservas, considerando o exposto na nota precedente, a que acresce o facto de não encontrarmos 13 (treze) decisões.

bordo do navio em que trabalhava, foi-lhe fixada uma pensão de invalidez. Critica a longa pendência do processo no tribunal português bem como a decisão do juiz de suspender a instância depois de sete defensores oficiosos nomeados terem pedido escusa e do incumprimento, por banda do autor, de constituir advogado. O recorrente alega a violação de vários artigos da CEDH, nomeadamente o artigo 4.º, considerando a sua situação atual. Por unanimidade, o TEDH decidiu, face às alegações feitas, que não havia qualquer aparência de violação dos direitos e liberdades garantidas pela CEDH ou seus Protocolos.

No *Caso Antunes Rocha c. Portugal*, e no que ao artigo 4.º concerne, a recorrente comprovou a celebração de um contrato de trabalho com o Conselho Nacional do Plano de Proteção Civil, órgão sob a supervisão do Primeiro Ministro, sendo qualificada como assistente administrativa. O pedido principal da reclamante relaciona-se com o artigo 8.º da CEDH e consequente violação do respeito pela sua vida privada. No demais, e considerando as condições em que teve de exercer as suas funções, entende que houve violação, nomeadamente, do artigo 4.º. Quanto a esta última situação, o Tribunal, por maioria, declarou o caso inadmissível, improcedendo o pedido formulado.

No *Caso Castanheira Barros v. Portugal*[187], o recorrente solicita a anulação de uma decisão do Ministério da Justiça pelo facto de o ter impedido de progredir na carreira o que, na sua perspetiva, traduz a violação do n.º 2 do artigo 4.º da CEDH. O Governo português propôs-lhe a atribuição de uma importância para compensar qualquer dano moral, a que acrescia uma outra a título de custos processuais, tendo o recorrente declarado a sua insatisfação face à referida declaração unilateral. A atribuição da compensação referida visava compensá-lo pela alegada violação do artigo 6.º da CEDH quanto à duração do processo. E, quanto a esta, suportando-se na jurisprudência constante do TEDH, bem como na razoabilidade da compensação proposta, o TEDH considerou o caso sanado. Já quanto à queixa de que o facto de ter sido impedido de progredir na carreira implicava, à luz do n.º 2 do artigo 4.º da CEDH, a prática de trabalho forçado ou obrigatório, o Tribunal considerou que, face às provas aduzidas, não havia um *fumum boni iuris* de violação dos direitos e liberdades consagrados na CEDH

[187] O Caso foi julgado na Primeira Secção do TEDH, em 20 de outubro de 2015, com a seguinte composição: Elisabeth Steiner, *presidente*, Paulo Pinto de Albuquerque e Erik Mose, *juízes*, e André Wanpach, *secretário adjunto da secção.*

e seus Protocolos, sendo o pedido, por manifestamente infundado, rejeitado, por inadmissível.

7.2. Quanto às *questões de facto* que, nos termos do número anterior, motivaram a condenação dos Estados por violação do artigo 4.º da CEDH, divido-as em cinco grandes grupos: serviço doméstico; trabalho forçado por discriminação em função do sexo; prostituição; serviço militar; tráfico de seres humanos; prostituição.

7.2.1. *Serviço doméstico*

Caso *Siliadin v. França*[188]

A recorrente, nacional togolesa, levada para França, antes dos 16 anos, por um parente de seu pai, foi obrigada a trabalhar como empregada doméstica não remunerada. Era imigrante ilegal, sem carteira profissional em França e com passaporte confiscado. A recorrente, contra a sua vontade, foi forçada a executar trabalho doméstico das 7h00 às 22h00, todos os dias da semana, cuidando dos três filhos do casal para quem trabalhava e de mais quatro crianças, tendo de partilhar com elas o quarto de dormir. A situação persistiu *anos a fio*, sendo que o casal

[188] Pedido n.º 73316/01, com julgamento em 26 de julho de 2005.

sempre lhe dissera que o seu estatuto de imigração seria regularizado *em breve*. Alertado por um vizinho, o *Comité contra a Escravidão Moderna* denunciou o caso, tendo o casal sido absolvido da parte criminal. Já quanto à parte cível, o casal foi condenado a pagar uma indemnização à recorrente por ter tirado partido da sua situação de dependência e de vulnerabilidade, fazendo-a trabalhar sem remuneração.

A persistência no tempo da situação de facto, a menoridade, o trabalho de 15 horas diárias, 7 dias por semana, a ausência de vontade e a inexistência de retribuição ficaram a dever-se, e muito, à presença ilegal num país estrangeiro e ao receio fundado de ser detida pela polícia.

O TEDH concluiu pela inexistência de escravidão pelo facto do casal que a explorava não ter exercido sobre ela um genuíno direito de propriedade, coisificando-a, reificando-a, reduzindo-a a um objeto. No entanto, a recorrente foi mantida em servidão, dependendo, *in totum*, do casal, o que ultrapassava o conceito de trabalho forçado. No entanto, a escravidão e a servidão não eram tipos legais de crime no direito penal francês até 2009, razão pela qual o casal fora absolvido. Tratava-se, pois, de uma omissão legislativa do Estado francês que violava o artigo 4.º da CEDH, razão pela qual o TEDH condenou o Estado francês por incumprimento das suas obrigações positivas nos termos do artigo 4.º[189-190].

Pergunto: em Portugal não haverá casos similares, sobretudo de brasileiros e africanos? Não há uma *muralha de silêncio*?

7.2.2. *Trabalho forçado por descriminação em função do sexo*

No caso *Karlheinz Schmidt contra Alemanha*[191] o recorrente, suportado, *inter alia*, no decreto municipal de Sataung, de 5 de dezembro de 1979, que declara que todos os adultos do sexo masculino, residentes em Tettnang no início do exercício orçamental (1 de janeiro), eram obrigados a pagar uma contribuição financeira ou, em alternativa, a servir no corpo de bombeiros, considerou a norma discriminatória, face ao artigo 3.º da *Grundgesetz* (Constituição), violadora, além do artigo 14.º, do artigo

---

[189] Saliento que nos pontos 90. e ss. o TEDH desenvolve, notavelmente, a teoria fundamental de interpretação do artigo 4.º da CEDH.

[190] Caso similar *in CN e V contra a França*, pedido n.º 67724/09, com julgamento em 11 de fevereiro de 2012.

Vide, ainda, *CN contra o Reino Unido*, pedido n.º 4239/08, com julgamento em 13 de novembro de 2012.

[191] Pedido n.º 13580/88, com julgamento em 18 de julho de 1994.

4.º, n.º 3, alínea d) da CEDH[192]. A pretensão do recorrente, com base nos factos alegados, era a devolução da taxa de serviço de bombeiros, pedido que o TEDH atendeu, por seis votos contra três, considerando que houve uma violação do artigo 14.º em articulação com a alínea d) do n.º 3 do artigo 4.º da CEDH[193].

7.2.3. *Serviço militar*

No caso *Chitos v. Grécia*[194] o recorrente, médico anestesista oficial do exército grego, onde obtivera a sua formação, obrigara-se a prestar serviço no exército, enquanto médico, por um período equivalente a três vezes a duração dos seus estudos, isto é, por 18 anos. A certa altura decidiu renunciar ao exercício dessas funções e foi informado que, não cumprindo o tempo restante, teria que indemnizar o exército, obrigação que cumpriu. O Tribunal de Contas, perante o recurso apresentado

[192] Que estatui: "3. Não será considerado 'trabalho forçado ou obrigatório' no sentido do presente artigo:... d) Qualquer trabalho ou serviço que fizer parte das obrigações cívicas normais".

[193] Caso similar é *Zarb Adami contra Malta*, pedido 17209/02, acórdão de 20 de setembro de 2006. Em causa estava a percentagem muito baixa de mulheres para integrar a lista de jurados quando comparada com a dos homens.

[194] Processo n.º 51637/12, com julgamento em 4 de junho de 2015.

pelo recorrente, considerou relevante o período de 5 anos de especialização, período esse a considerar no serviço militar obrigatório, o que levava a uma redução da importância paga.

O TEDH não considerou o caso subsumível na alínea b) do n.º 3 do artigo 4.º da CEDH, que exclui do conceito de trabalho forçado ou obrigatório "Qualquer serviço de carácter militar". Mas enquadrou-o no n.º 2 do mesmo artigo que versa o trabalho forçado ou obrigatório. Disse o Tribunal: "A obrigação dos médicos que desejarem deixar o exército antes do final do serviço obrigatório[195] de pagar ao Estado certas quantias para reembolsar as despesas com a sua formação era plenamente justificada à luz dos privilégios de que gozavam em relação aos civis..." Porém, a obrigação de pagar na totalidade a importância determinada pelo Exército, acrescida de juros de mora, independentemente do *veredictum* do Plenário do Tribunal de Contas, implicou que o recorrente tivesse sido obrigado a agir sobre coação, impondo as autoridades uma carga desproporcional sobre ele, violando o artigo 4.º, n.º 2, da CEDH.

---

[195] Espécie de *pacto de permanência* regulado no artigo 137.º do Código do Trabalho.

7.2.4. *Tráfico de seres humanos*

No caso *Afareir O c. Grécia*[196], depois de se afirmar que a Constituição da República Helénica consagra, no §1 do artigo 2.º, "O respeito e a proteção do valor humano..." acrescentando, no artigo 22 § 4 que "Qualquer forma de trabalho forçado é proibida", e de o artigo 351.º do Código Penal criminalizar o *tráfico de seres humanos*, a recorrente alega ter sido vítima de tráfico de seres humanos, tendo sido objeto de prostituição, violando o Estado Grego o artigo 4.º da CEDH, nos seus n.os 1 e 2.

O TEDH recorda que "não pode haver dúvida de que o tráfico de seres humanos mina a dignidade humana e as liberdades fundamentais das suas vítimas e que não pode ser considerado compatível com uma sociedade democrática ou com os valores consagrados na Convenção".

Nas conclusões, o TEDH discorre sobre o artigo 4.º da CEDH e sobre os princípios básicos que a ele subjazem: o Estado tem a obrigação de oferecer proteção efetiva às vítimas reais e potenciais de tráfico; há uma obrigação positiva de agir perante um caso concreto; o Estado tem a obrigação processual, perante o artigo 4.º, de investigar potenciais situações de tráfico. E, rematou o TEDH, que

---

[196] Pedido n.º 71 545/12, com julgamento em 21 de janeiro de 2016.

o pedido era admissível e que tinha havido violação do artigo 4.º da CEDH.

No caso *Rantsev vs. Chipre e Rússia*[197] houve a morte, em Chipre, em circunstâncias difíceis de explicar, de uma cidadã russa, poucos dias depois de ter chegado àquele país. O TEDH concluiu que o governo cipriota não havia cumprido o artigo 4.º da CEDH por duas ordens de razões: por não ter criado um quadro jurídico capaz de combater o tráfico de seres humanos; e pelo facto de a polícia não ter adotado medidas concretas para proteger a vítima de tráfico, sendo que o regime de vistos "*cabaret artiste*" não garantia proteção prática e eficaz contra o tráfico e a exploração. E, ficou provado, que havia uma suspeita real e séria de risco imediato de tráfico ou exploração, razão pela qual o Estado tinha a obrigação positiva de tomar medidas para proteger a vítima. Não o tendo feito, *sibi imputat*.

Quanto a Chipre, o TEDH decidiu, por unanimidade, que houve violação do artigo 4.º da CEDH.

Também a Rússia viu rejeitada a exceção preliminar *ratione materiae* (em razão da matéria) por inexistência de qualquer escravidão, servidão ou trabalho forçado. De facto, o TEDH constatou o aumento significativo, nos

---

197 Pedido n.º 25 965/04, com julgamento em 7 de janeiro de 2010.

últimos anos, do tráfico de seres humanos[198], baseado no exercício de poderes inerentes ao direito de propriedade, em que os seres humanos eram tratados como mercadoria, comprados, vendidos e submetidos a trabalho forçado, muitas vezes a *troco de nada*, geralmente na indústria do sexo, mas também em outras atividades. Tudo isto atenta contra a dignidade humana e, à luz do artigo 3.º do Protocolo de Palermo e do artigo 4.º, alínea a), da Convenção Anti-Tráfico, condutas desse jaez inserem-se no âmbito de aplicação do artigo 4.º da CEDH. Pelas mesmas razões, a Rússia foi condenada[199].

7.2.5. *Prostituição*

No caso *SM v. Croácia*[200] uma nacional croata formulou uma queixa pelo facto de um polícia a ter obrigado, física e psicologicamente, a prostituir-se, situação prevista e punida no artigo 157.º do Código Penal em vigor na República da Croácia, conjugado com o artigo 106.º sobre Escravidão. Acresce que a Croácia é parte da *Convenção*

---

[198] Protocolo da ONU para prevenir, suprimir e punir o *Tráfico de Pessoas, Especialmente Mulheres e Crianças (Protocolo de Palermo)*, de 2000, e a *Convenção do Conselho da Europa contra o Tráfico de Seres Humanos*, de 2005.

[199] Caso similar é o *Chowdury e outros contra a Grécia*, processo n.º 21 884/15, com julgamento em 30 de março de 2017.

[200] Pedido n.º 60 561/14, com julgamento em 19 de julho de 2018.

para a Supressão do Tráfico de Pessoas e a Exploração da Prostituição[201] e da *Convenção sobre a Eliminação de Todas as Formas de Discriminação Contra as Mulheres*[202], sendo que ambas, respetivamente, nos artigos 1.º e 6.º, condenam a exploração da prostituição. Acrescente-se que o *Comité das Nações Unidas sobre a Eliminação da Discriminação Contra a Mulher*[203], nas suas observações finais sobre a Croácia, de 28 de julho de 2015, constatou, *inter alia*, "Que os perpetradores de tráfico são frequentemente acusados de delitos de corrupção, em vez do crime mais grave de tráfico de seres humanos, resultando em uma taxa de condenação extremamente baixa por tráfico de seres humanos". E acrescenta: "... as vítimas de exploração de prostituição são, às vezes, processadas, em vez de receberem medidas de apoio adequadas, enquanto que as pessoas que compram sexo de vítimas de prostituição forçada e / ou vítimas de tráfico não são consistentemente processadas e punidas criminalmente".[204]

---

[201] Adotada pela Assembleia Geral das Nações Unidas em 2 de dezembro de 1949, com entrada em vigor em 25 de julho de 1951, e ratificada pela Croácia em 12 de outubro de 1992.

[202] Adotada em 1979 pela Assembleia Geral da ONU e ratificada pela Croácia em 9 de setembro de 1992.

[203] Grupo de Peritos, criado em 1982.

[204] Deve considerar-se, ainda, a *Declaração sobre a Eliminação da Violência contra as Mulheres*, adotada pela Assembleia Geral da

No caso, a recorrente formula uma queixa quanto ao quadro jurídico croata, inadequado, segundo ela, e pela falta de resposta processual adequada das autoridades croatas face às alegações que formulou de pressão e exploração prostitucional. Para o efeito invocou vários artigos da CEDH, e, no caso que nos interessa, o artigo 4.

O TEDH, reconhecendo que a recorrente estava inserida numa rede de prostituição, considerou[205] que nas formas de escravidão modernas estava inserido o tráfico de seres humanos por ser um atentado à dignidade humana e violador dos valores democráticos e da CEDH. Assim, a consideração da pessoa como uma mercadoria, as ameaças e violências, a inexistência ou o parco pagamento dos serviços, as condições de vida indignas ou indecentes e de trabalho, bem como a vigilância apertada a que estão sujeitas, tudo isto, sem mais, envolve, nos termos do artigo 4.º da Convenção, *escravidão*, *servidão* ou *trabalho forçado*. E os Estados-membros estão sujeitos a uma obrigação positiva de terem um quadro legal adequado para proibir e punir o tráfico. Na medida em que não o tiverem, *sibi imputat*. Tendo a República da Croácia, à época, um

---

ONU em 20 de dezembro de 1993, que reconhece a prostituição forçada como uma forma de violência contra as mulheres.

[205] Como o fizera em *Siliadin v. França*, n.º 73 316/01 e em *Rantsev v. Chipre e Rússia*, n.º 25 965/04, citados.

quadro normativo, entretanto enriquecido e melhorado, de proteção das vítimas de crime contra a liberdade sexual, e não tendo cumprido, *in totum*, as respetivas obrigações processuais, violou o artigo 4.º da CEDH.

7.2.5.1. AMADO[206] discorre, em termos de Direito Comparado, quanto ao contrato de trabalho prospitucional[207]. Em causa estão duas visões antagónicas e extremas sobre a venda de sexo: na perspetiva criminal, a prostituição vista como crime; na perspetiva laboral, a prostituição vista como trabalho. Há que considerar, em visões oponentes, o crime de lenocínio ou, com o exemplo da Nova Zelândia, o trabalho do sexo, que pode ser objeto de um contrato de prestação de serviço ou de um contrato atípico de trabalho.

O crime de lenocínio, a que já nos referimos, é punido no artigo 169.º do Código Penal, que tem a seguinte redação:

---

[206] AMADO, JOÃO LEAL – Contrato de trabalho prostitucional, in *Questões Laborais*, Coimbra Editora, Coimbra, 2002, pp. 236-240.

[207] CABRAL, GABRIEL VAZ, elaborou e defendeu, na Faculdade de Direito da Universidade de Coimbra, uma dissertação de mestrado subordinada ao título *Contrato de Trabalho prostitucional e a sua (i)licitude: confronto da situação de "iure condito" com algumas coordenadas jurídicas.*

"1. Quem, profissionalmente ou com intenção lucrativa, fomentar, favorecer ou facilitar o exercício por outra pessoa de prostituição é punido com pena de prisão de seis meses a cinco anos.

2. Se o agente cometer o crime previsto no número anterior:

a) Por meio de violência ou ameaça grave;
b) Através de ardil ou manobra fraudulenta;
c) Com abuso de autoridade resultante de uma relação familiar, de tutela ou curatela, ou de dependência hierárquica, económica ou de trabalho; ou
d) Aproveitando-se de incapacidade psíquica ou de situação especial de vulnerabilidade da vítima;

É punido com pena de prisão de um a oito anos".

Ora, o mínimo que pode ser dito é que são situações em que a escravidão sempre espreita, e que a moldura penal é muito suave. De facto, o proxenetismo, rufianismo ou cafetinagem são indutores da prática profissional do sexo, promovendo a angariação de clientes. O *chulo*, agente de prostitutas e que recolhe dinheiro, parte dos ganhos, em troca de *serviços* de publicidade, proteção física e, muitas vezes, monopólio de um local onde a prostituta pode envolver-se com clientes, merecia mais atenção, no sentido de vigilância, das autoridades competentes.

Nem importa considerar, como o faz OLIVEIRA[208], que a prostituição é "... consequência da realidade de vida". E um pouco mais à frente[209] diz que "... A prostituição nem sempre foi vista de uma forma pejorativa. De facto, debruçando-nos sobre os tempos anteriores ao Cristianismo, na Babilónia, por exemplo, a prostituição era vista como Sagrada. A mulher era requisitada para prestar serviço sagrado nos templos, considerada uma forma de iniciação à vida amorosa e símbolo de fertilidade..."

Que dizer, acrescento eu, da escravatura nessas épocas! A marcha da Humanidade é, necessariamente, no sentido de nobilitar, dignificar as pessoas afastadas dessa qualidade por força da tacanhez que os tempos infligiram às pessoas menos afortunadas. A História só nos pode ajudar a reabilitar situações injustamente cruéis, infamantes e degradantes.

---

[208] OLIVEIRA, MARTA PRIMITIVO, *A Prostituição no Sistema Jurídico Português*, dissertação de Mestrado em Direito, Faculdade de Direito da Universidade Nova de Lisboa, 2017, p. 14.

[209] P. 15.

OLIVEIRA[210] analisa três modelos jurídicos possíveis quanto à prostituição e proxenetismo, dizendo que, relativamente à primeira, não podemos confinar a situação à dicotomia abolir *versus* permitir. Aponta a autora, em termos de Direito Comparado, três modelos:

- O *proibicionismo*, que entende que pela sua indignidade a prostituição não deve ser permitida. É o caso dos EUA, China, Malta, Eslovênia e Filipinas. A prostituição é um crime.
- O *abolicionismo*, que defende a erradicação da prostituição por se tratar de uma forma horrenda de violência contra as mulheres. É o sistema consagrado entre nós, na Itália e Inglaterra. Pune-se o proxeneta; ignora-se a prostituta.
- Finalmente, o *sistema regulamentarista*, que considera a prostituição um *mal necessário*, embora não desejável, postulando a intervenção do Estado através da sua regulação. Para os defensores deste sistema, a prostituta presta um serviço, que é um negócio, sendo o cliente um consumidor. É o caso da Grécia, Alemanha, Holanda, Áustria.

---

210 Pp. 37-39.

Há, ainda, embora com poucos defensores, o *modelo da descriminalização pura e simples*, como é o caso da Nova Zelândia, desde 2003, sendo a prostituição uma profissão como qualquer outra, sendo que o serviço sexual prestado é considerado um contrato de prestação de serviço.

Deve dizer-se que a Holanda foi pioneira no enquadramento da prostituição como profissão, legalizando os bordéis e descriminalizando a conduta do proxeneta. Foi no ano de 2000 que foi publicado o respetivo diploma legislativo, o que possibilitou que profissionais do sexo viessem a pagar impostos e fossem abrangidos pela segurança social.

7.2.5.2. Expostos, sumariamente, os regimes jurídicos sobre prostituição e proxenetismo, e sem qualquer puritanismo, não posso deixar de considerar que se trata de um domínio onde, também, a *febre do oiro* sempre espreita e onde, segundo creio, há privilegiadas condições para a existência de um tipo especial de escravidão, verberada pelo artigo 4.º da CEDH. No fundo, como se disse, a dignidade humana, alicerce da democracia que a Constituição da República Portuguesa inaugurou e garante, não se compadece com a prostituição e, muito menos, com o lenocínio. Porém, subsistem as questões: quem são os clientes? Que fazem as autoridades competentes para erradicar esta nova escravidão?

A situação que se vive em Portugal é de total ausência de regulação da prostituição, embora existam pessoas cuja subsistência advém da venda de relações de cariz sexual. É fenómeno bem conhecido, indutor, múltiplas vezes, de criminalidade, e de uma exploração sem tréguas. Pode ser tema em que coexiste a escravidão, a ausência de dignidade e a ausência de trabalho juridicamente protegido.

Andam todos, e há muito, a fazer de conta... E a questão é a de saber o porquê!

Trabalho do 4.º tipo? O certo é que, como está entre nós, a prostituição induz para a marginalidade e alimenta, ao que se julga saber, um complexo de *empresários do sexo* que, naturalmente, deveriam merecer rótulo mais adequado, como já o dissemos.

Como foi dito, na esteira de KANT, a dignidade implica, postula, exige que a pessoa não tenha um preço[211]. Assim, o Tribunal Constitucional não considerou

[211] Apesar disso, qualquer trabalhador vende o seu trabalho por um preço, e está sujeito à lei da oferta e da procura que funciona, impiedosamente, contra ele. Daí todas as cautelas quanto à retribuição, à sua irredutibilidade, ao embaratecimento do trabalho suplementar, ao não pagamento no caso de adaptabilidade do tempo de trabalho.

inconstitucional a proibição do lenocínio – artigo 169.º do Código Penal[212]. O que se pretende é evitar "... que a exploração da intimidade de uma pessoa, e os inerentes *riscos* para a *sua integridade pessoal* possam ser fonte de lucros para terceiros"[213].

[212] AcTC n.º 104/2004.
[213] MIRANDA, JORGE – *op. cit.*, p. 85.

Ganância, *febre do oiro...*

8.

PARA UMA VISÃO HOLÍSTICA E POLÉMICA DO TRABALHO À LUZ DO DIREITO. ALGUMAS NOTAS

8.1. As constituições surgidas no seguimento da Revolução Francesa inscrevem nos seus catálogos alguns direitos fundamentais, sobretudo direitos de liberdade ou de autonomia e direitos de participação ou direitos políticos, sendo só um pouco mais tarde que surgem os direitos sociais[214], sendo certo que o estudo destes é uma importante via de aproximação aos direitos fundamentais dos trabalhadores[215].

---

[214] Não se toma aqui partido quanto aos diversos critérios classificativos dos direitos fundamentais. Para uma melhor classificação do tema *vd.* JOÃO CAUPERS, *Os Direitos Fundamentais dos Trabalhadores e a Constituição*, Almedina, Coimbra, 1985, pp. 22 e ss.; GOMES CANOTILHO, *Direito Constitucional*, 4.ª edição, 3.ª reimpressão, Coimbra, 1989, pp. 434 e ss.; e JORGE MIRANDA, *Manual de Direito Constitucional*, tomo IV, *Direitos Fundamentais*, Coimbra, 1988, pp. 73 e ss.

[215] CAUPERS, JOÃO, *op. cit.*, p. 27. De referir que da tríade revolucionária de 1789 – liberdade, igualdade e fraternidade – esta última andou afastada algum tempo dos desígnios políticos dos revolucionários e liberais. Assim, enquanto a liberdade – *status negativus* – daria origem, bem cedo, aos direitos de autonomia e a igualdade aos direitos de participação – *status positivos ou*

Assim, e não obstante a Constituição jacobina de 1783 conter já uma referência ao direito ao trabalho, pretendendo projetar os princípios revolucionários de 1789 na esfera social e económica, é com a Constituição da II República francesa de 1848 que, numa atitude pioneira, se inscrevem importantes direitos fundamentais, como a igualdade entre patrões e operários, o direito à formação profissional e a imposição de realização de obras públicas, cometidas ao Estado, como forma de combater o desemprego[216]. Se a primeira havia sido a declaração da liberdade, esta pretendia ser a da igualdade.

E se a Constituição Helvética de 1874 desenvolve os temas referenciados, é com a Constituição Mexicana de 1917 que se dá o verdadeiro impulso no reconhecimento dos direitos fundamentais e se cria o primeiro quadro global dos direitos sociais "superando assim os polos opostos do individualismo e do coletivismo"[217].

---

status activus –, a fraternidade foi o parente pobre da trindade revolucionária.

[216] Entre nós, e na mesma época, FONTES PEREIRA DE MELO leva a cabo toda uma política de fomento de obras públicas, que ficou conhecida pelo *fontismo*.

[217] A. PEREZ LUÑO, *Los Derechos Fundamentales*, 3.ª ed. Madrid, 1988, p. 40.

A ideia subjacente aos direitos sociais deixou de ser a da igualdade dos sujeitos, convertendo-se na de necessidade de realização do

Todavia, é a Constituição de Weimar de 1919[218] que dá o pontapé de saída nos direitos fundamentais dos trabalhadores[219].

---

equilíbrio entre pessoas desiguais. *In* ANA PRATA, *A Tutela Constitucional da Autonomia Privada*, Coimbra, 1982, p. 113.

É de salientar que a Constituição Mexicana de Querétaro, que entrou em vigor em 1 de maio de 1917, estatui na secção 123, artigo 1.º, alínea XVII, que as greves e paragens de trabalho serão reconhecidas como um direito dos trabalhadores. E a alínea seguinte diz que as greves são legais quando tenham por objetivo estabelecer um equilíbrio entre fatores de produção, conciliando os direitos do trabalho e os do capital. Consagra a jornada de trabalho de oito horas diárias, o direito de associação dos sindicatos, um salário mínimo e limitação do trabalho feminino e infantil.

218 Note-se, contudo, que a Constituição de Weimar, contrariamente à Mexicana, não consagrou o direito à greve, já reconhecido entre nós pelo Decreto de 6 de dezembro de 1910, mas igualmente sem positivação na Constituição de 1911.

A Constituição de Weimar, consagradora da *social democracia*, foi uma das constituições mais progressivas da época. Porém, a construção jurisprudencial que se lhe seguiu contribuiu para o seu esvaziamento bem como do direito que nela se ancorou.

Neste período, a greve veio a ser permitida ao abrigo do BGB - *BürgerlichesGesetzbuch* - a não ser que impedisse o direito de exploração da empresa ou dificultasse ou impedisse o normal desenvolvimento da atividade produtiva. O *lock-out* não sofria limitações e a greve, significando o exercício duma liberdade, implicava que do seu exercício resultava a violação do contrato de trabalho. Na tríade classificativa de CALAMANDREI, PIERO (1889-1956), já abordada, estava em causa a *greve-liberdade*, por contraposição à *greve-crime* (ou delito) e à *greve-direito*.

219 Ao que parece, a expressão direitos fundamentais teria surgido em França na década de setenta do séc. XVIII - PEREZ

8.2. A internacionalização da vida coletiva depois da 2.ª Guerra Mundial não poderia deixar de ter uma refração importante em termos de direitos fundamentais. As suas principais concretizações ocorrem nas Constituições Francesa de 1946, Italiana de 1948 e Oeste Alemã de 1949, sendo que só as duas primeiras consagram a greve como um direito, a primeira no ponto 7 do preâmbulo e a segunda no artigo 40.º. Mas são as últimas Constituições europeias, surgidas em países que derrubaram regimes autoritários - Grécia, 1975, Portugal, 1976 e Espanha, 1978 - aquelas que estabelecem os mais ricos catálogos de direitos fundamentais e, particularmente, de direitos sociais, tentando assim satisfazer as novas necessidades de caráter económico, cultural e social que caraterizam a década de setenta do século passado.

Há, como é bom de ver, um sistema constitucional-laboral que se sedimenta em torno da proteção do contraente mais débil no contrato de trabalho - o trabalhador - e da promoção deste na tríplice vertente que comporta - económica, social e cultural[220].

A greve, direito fundamental dos trabalhadores - artigo 57.º da CRP - é uma forma de equilibrar

---

LUÑO, *Delimitacion conceptual de los derechos humanos*, Sevilha, 1979, pp. 23-24.

220 Como já salientámos, estas ideias vivem a sua crise.

relações contratuais desniveladas, tendo em conta, nomeadamente, os poderes do empregador, sobretudo o disciplinar, sendo, por essa razão, uma justificação para o Direito assumir o valor da autotutela na dirimição de conflitos.

8.3. Desde os primórdios do constitucionalismo até à atualidade há uma consciência crescente de que os direitos fundamentais têm revestido o papel da principal garantia para os cidadãos[221]. Na verdade, como diz PEREZ LUÑO[222], o atual constitucionalismo não seria o que é sem os direitos fundamentais. Nascidos como direitos de defesa contra o Estado, com o objetivo de manterem aos cidadãos uma esfera de liberdade contra a qual o Estado nada poderia fazer – direitos de autonomia – a breve trecho

[221] Precisando melhor, queremos clarificar que reservamos a expressão direitos do homem para direitos consagrados em documentos de cariz internacional e a de direitos fundamentais para aqueles que se encontram positivados numa determinada ordem jurídico-constitucional. A atribuição destes às pessoas coletivas, que mais não fosse, justifica esta clarificação. Quanto aos direitos do cidadão, a que se reportam, duma forma geral, as Declarações de Direitos, têm que ver com direitos individuais atribuídos ao homem, enquanto integrado numa sociedade politicamente organizada, podendo, grosseiramente, equiparar-se aos direitos de participação.

[222] *Los Derechos Fundamentales*, Madrid, 1988, p. 19.

se concluiu[223] que este, em muitos casos, era o principal garante dos direitos fundamentais e outros haveria que não se poderiam concretizar sem que o mesmo interviesse positivamente.

8.4. Ora, a origem dos direitos fundamentais remonta às correntes político-jurídicas que em fins do século XVIII singraram em França e nos Estados Unidos da América, exatamente os países que protagonizaram as duas revoluções mais marcantes do fim desse século e onde foram proclamadas declarações de direitos[224] que ainda hoje são paradigmáticas e emblemáticas à luz das normas liberais. Por sua vez, a expressão *direitos fundamentais*, de acordo com PEREZ LUÑO[225], terá surgido, como se disse, em França no ano de 1770. Mas se a *pátria* dos direitos fundamentais é a França, foi na Alemanha que vieram a merecer o adequado desenvolvimento dogmático e onde passaram a dominar as relações entre os indivíduos e o

---

[223] Não obstante a desconfiança no poder legislativo, cada vez menos atibuto de assembleias representativas e mais apanágio dos executivos.

[224] As mais conhecidas são a Declaração de Independência dos Estados Unidos, de 4.7.1776, a Declaração de Direitos do Estado da Virgínia, de 12.6.1778, e a Declaração Francesa dos Direitos do Homem e do Cidadão, de 26.8.1789.

[225] *Op. cit.*, pp. 23-24.

Estado. Os direitos fundamentais surgiram, pois, como instrumento de defesa contra o Estado. Diluído na sociedade, fundido no grupo, o cidadão anónimo carecia que o reconhecessem como homem e como cidadão. Havia que afastar a escravidão.

À luz do liberalismo que emergiu da Revolução Burguesa de 1789, o suporte fundamental das liberdades era a propriedade. E a ideologia imperante acreditava que a simples declaração de que todos eram iguais perante a lei era o *quantum satis* - o que basta - para se converter em realidade. Era a visão taumatúrgica das leis, ficcionando--se que não havia passado e que todos, à nascença, estavam nas mesmas condições de igualdade para desfrutar e usufruir os bens materiais. Mas, como bem refere JOÃO CAUPERS[226], as *quantidades* de liberdade de que cada cidadão podia usufruir dependiam mais daquilo que se tinha do que daquilo que se era. E quando os liberais descobriram que todos os homens eram iguais, já uns tinham muito e outros nada. Ou, parafraseando ORWELL, *uns eram mais iguais do que outros*. Era o tremendo equívoco entre o ser e o dever ser, cujo exemplo mais flagrante, citado por BENTHAM[227], era a célebre frase da Declaração Universal dos Direitos do Homem e do Cidadão, de 1789,

[226] *Op. cit.*, p. 54.

[227] *Apud* PEREZ LUÑO, *op. cit.*, p. 20.

de que *os homens nascem e permanecem livres e iguais em direitos*. Ora, a *liberdade* conduziu à *desigualdade* em que os fortes ficaram mais fortes e os fracos mais fracos.

8.4.1. A Constituição Portuguesa de 1976[228], depois da revisão da Lei Constitucional 1/82, apresenta uma divisão tricotómica dos direitos fundamentais:

- Direitos, liberdades e garantias pessoais – arts. 24.º-47.º;
- Direitos, liberdades e garantias de participação política – arts. 48.º-52.º;
- Direitos, liberdades e garantias dos trabalhadores – arts. 53.º-57.º.

8.4.2. No desenho constitucional assume particular importância o art. 16.º, quer porque introduz a vertente expansiva dos direitos fundamentais, que não se confinam aos positivados constitucionalmente, quer porque eleva a Declaração Universal dos Direitos Humanos, de 10 de dezembro de 1948, a diploma hermenêutico básico dos mesmos, qualquer que seja a sua origem.

---

[228] Aprovada no dia 2 de abril de 1976 e com entrada em vigor no dia 25 do mesmo mês e ano.

Considerando que os direitos dos trabalhadores, das comissões de trabalhadores e das associações sindicais[229], nos termos da alínea e) do art. 290.º da CRP, constituem limites materiais de revisão constitucional, fácil é concluir, como o faz JOÃO CAUPERS[230], que os direitos fundamentais dos trabalhadores vivem em *tensão permanente e universal*, pretendendo-se um *máximo de amplitude e um máximo de consolidação.*

A reserva de lei no campo dos direitos fundamentais dos trabalhadores traduz-se em que só a Assembleia da República[231] pode legislar nessa área e essa legislação, quando restritiva, está sujeita a sérios condicionamentos - art. 167.º, al. b), da CRP. As leis de revisão constitucional devem respeitar o regime dos direitos, liberdades e garantias - art. 290.º, als. d) e e)[232].

---

[229] É de salientar que a referência não tem a mesma redação da que encima a epígrafe do Capítulo III Título II - Parte I da Constituição que refere, *ipsis verbis*, - Direitos, liberdades e garantias dos trabalhadores.

[230] *Op. cit.*, p. 182.

[231] Ou o Governo, precedendo autorização daquela.

[232] PALOMEQUE, *Los Derechos Laborales en la Constitución Española*, in Cuadernos y Debates, 28, Centro de Estudos Constitucionales, Madrid, 1991, pp. 79 e s., a propósito do princípio de reserva de lei, diz que *só por lei, que em todo o caso deverá respeitar o seu conteúdo essencial, poderá regular-se o exercício de tais direitos e liberdades.* E acrescenta que ... *requerendo-se lei orgânica - art. 81.1 CE, especificamente para o desenvolvimento dos direitos*

8.4.3. Com a Constituição Mexicana de Queretáro de 1917 e, no contexto europeu e mais desenvolvidamente, com a Constituição Alemã de Weimar de 1919, inaugura-se o Estado Social de Direito em que o parente pobre da trindade revolucionária de 1789 – a fraternidade – encontra, finalmente, o adequado desenvolvimento através dos direitos sociais.

Em visão aproximativa e de enquadramento poder-se-á dizer que o Estado Social de Direito é o que suporta a sua existência nos direitos, liberdades e garantias para a consecução dos direitos económicos, sociais e culturais.

A Constituição do Reich alemão, aprovada em 11 de agosto de 1919 na cidade de Weimar, tem interesse múltiplo, não obstante se reconhecer, como é o caso de JORGE MIRANDA[233], *que viria a ser o seu projeto de Estado Social de Direito..., de Estado intervencionista*

---

constitucionais laborais que tenham essa natureza. O Autor adita, no entanto, que *a Constituição introduz, a este respeito, um importante limite ao poder ordinário no exercício do princípio de reserva de lei e que é, como acaba de referir-se, o respeito do conteúdo essencial do direito constitucional objeto de desenvolvimento legislativo.*

No mesmo sentido *PALOMEQUE e ÁLVAREZ DE LA ROSA, in Derecho del Trabajo,* 5.ª ed. Madrid, 1997, pp. 151 e s., e MARTÍN VALVERDE, RODRIGUEZ-SAÑUDO y JOAQUÍN GARCÍA MURCIA, in *Derecho del Trabajo,* 6.ª ed., Madrid, 1997, p. 99.

[233] *Manual de Direito Constitucional,* tomo IV, *Direitos Fundamentais,* Coimbra, 1988, pp. 192-193.

e promotor de direitos sociais, que ficaria registado na história e no direito comparado, sendo pacificamente considerada a primeira das grandes constituições europeias a interessar-se desenvolvidamente pela problemática da chamada questão social[234] em contraste com a aparente mentalidade das constituições liberais do século anterior. Como diz DRAY[235], tratou-se da *primeira Constituição europeia a conceber uma social democracia, que procura conciliar princípios liberais e socialistas, fugindo em simultâneo da experiência socialista da revolução russa (que tão próximo se encontrava) e dos excessos do liberalismo que havia logrado reforçar as desigualdades existentes entre os cidadãos.* O novo tipo de Estado que aí nos aparece já não tem nada a ver com o Estado neutro, típico da tradição liberal. É antes um Estado que se reconhece *o direito e o dever de intervir* nas relações económicas entre os cidadãos e para o qual esse dever existe, ainda que tal intervenção sacrifique a liberdade individual e as suas naturais projeções na liberdade contratual e na propriedade privada[236].

[234] E não apenas, longe disso, na vertente como era equacionada na Encíclica de LEÃO XIII, de 15 de maio de 1891 – *De Rerum Novarum, Das Coisas Novas* ou *Sobre a Condição dos Operários.*

[235] DRAY, GUILHERME, *O princípio da Igualdade no Direito do Trabalho*, Coimbra, 1999, p. 70.

[236] E diga-se que o Estado Contemporâneo tem-se mostrado o principal impulsionador e veículo da liberdade e igualdade materiais.

As limitações impostas têm o objetivo de garantir a igualdade material entre trabalhadores e empregadores.

PERELMAN[237] assevera que num Estado Social de Direito há dois princípios de justiça a observar:

- *a cada um de acordo com os seus méritos*, princípio de carácter liberal;
- *e a cada um de acordo com as suas necessidades*, princípio de índole social.

Para este autor, assentando o Estado Social de Direito numa *ordem fundamental liberal*, os indicados princípios de justiça não se podem excluir em absoluto, sendo necessária a sua articulação através de atuações políticas concretas que os desenvolvam. *À igualdade jurídica contrapõe-se a igualdade social.* Surgem os *direitos positivos* ou *direitos a prestações do Estado.* Este *passa a ser o aliado e não o inimigo, sendo os direitos realizados não contra o Estado mas através do Estado.*

8.4.4. O Estado em muitos casos era o principal garante dos direitos fundamentais e outros haveria que não se poderiam realizar sem que o Estado interviesse

Vd. LUCAS PIRES, *Uma Constituição para Portugal*, Coimbra, 1975, p. 89.

[237] *Justice et Raison*, Bruxelas, 1963, p. 15.

positivamente. Mas esta constatação tem que ver com toda uma degradação do Estado liberal, com toda uma forte movimentação social que campeia pelo século XIX e está muito ligada à própria evolução das condições sociais dos trabalhadores, culminando com a ultrapassagem do Estado liberal e dos princípios em que o mesmo assentava:

- princípio da igualdade formal das partes na ordem jurídico-laboral;
- princípio da neutralidade do Estado.

Ao Estado liberal sucede o Estado de Direito e, logo após, o Estado Social de Direito – ou Estado Social e de Bem Estar[238] em que os direitos fundamentais, agora já numa aceção mais ampla, desempenham um importante papel, determinando que do seu alcance e significado se precise o tipo de Estado em questão e este, ao invés, condicione o conteúdo dos primeiros.

---

[238] Ou *Welfare-State*, Estado Social e de Bem-Estar, na feliz terminologia (surgida em 1941, em plena 2.ª Guerra Mundial) do Arcebispo de York, mais tarde Arcebispo de Cantuária, WILLIAM TEMPLE, com base nos contributos ideológicos de LORD KEYNES e de LORD BEVERIDGE, ou mais deste que daquele, ancorado no seu livro *Security for All*. *Cfr.*, para maiores desenvolvimentos, ANTÓNIO DA SILVA LEAL, *A Crise do Estado de Bem-Estar, do Direito do Trabalho, in Temas de Direito do Trabalho*, Coimbra, 1990, pp. 221-225.

8.4.5. O conceito de empresa que irradia da Constituição da República é o da *empresa social*, em que esta já não é apenas domínio privado dos seus titulares, pretendendo-se que desempenhe, crescentemente, uma relevante função social, como único *micro-cosmos* gerador de emprego e da sua sustentação. A participação dos trabalhadores, *cidadãos da empresa*, é cada vez mais relevante e a democracia, consequentemente, não pode parar à sua porta.

8.4.6. A marcha do homem trabalhador tem o sentido duma limitação progressiva da dependência que lhe é imposta pelo poder gerado no seio da empresa. Compartilham-se as sábias palavras de RIVERO LAMAS[239] quando refere que para compreender a democracia industrial ... *es preciso arbitrar cauces e instituciones para reconocer el derecho de los trabajadores y de sus representantes a influir en la toma de decisiones que les afectan en el centro de trabajo y en la empresa... Porque a un regímen externo de democracia politica debe corresponder la afirmación de la ciudadania y de la democracia social en los lugares de trabajo.*

---

[239] *Op. cit.*, pp. 21-22.

A *constitucionalização da empresa*, referida, entre outros, por MENGONI e RIVERO LAMAS, de par com uma *democracia institucionalizada*, não se compadecem com formas arcaicas de autoritarismo.

Portugal, e o Direito do Trabalho em particular, sofrem de muita poluição legislativa, o que pode ter consequências funestas em termos de efetividade das normas. Por outro lado, pode fazer perigar a contratação coletiva, direito fundamental coletivo dos trabalhadores portugueses, consagrado no art. 56.3 da CRP[240], retirando-lhe espaço de atuação.

O direito hierárquico deve dar lugar a um direito pluralmente pactuado, ao direito negociado, direito filho de consensos, de concertação, do diálogo social, da *circulação plural de vozes*. Direito que deve andar mais próximo da vida, do real e do profano, longe da sacralidade que noutros domínios e noutras épocas o tem acompanhado. Questão é que haja suficiente representatividade sindical, num país, como o nosso, onde não há normas sobre tal temática, para

240 A História e o Direito Comparado comprovam a asserção feita. Foi o que se passou em França, durante várias décadas da primeira metade do século passado, com a intervenção incontida do poder legislativo. *Vd.* MENEZES CORDEIRO, *Convenções Coletivas de Trabalho e Alterações das Circunstâncias*, Lisboa, 1995, p. 16.

se evitar o *aparecimento* de *sindicatos amarelos*, amigos dos empregadores.

8.4.7. Tudo aponta para a importância crescente da democracia participativa, de par com a democracia representativa[241]. Porém, tendo em consideração o nível de sindicalização existente em Portugal[242], e que as comissões de trabalhadores são cada vez mais uma *avis rara*, interrogamo-nos quanto à bondade desse direito, com a consideração, sobretudo, de que as convenções coletivas de trabalho, através da sua vertente regulativa, apenas abrangem os trabalhadores filiados nas associações sindicais outorgantes.

8.4.8. TERESA COELHO MOREIRA[243], referindo as novas tecnologias e a sua refração no trabalho, começa por citar SUPIOT quando refere que as mesmas estão a "... criar novas formas de subordinação..." o que, segundo a autora, "... provoca... o surgimento de novos riscos, de novas formas de insegurança no emprego e de novas

---

[241] Qual a eficácia jurídica dos acordos celebrados no seio da CPCS? E a *rota de colisão*, sempre possível, com a casa da democracia representativa – a Assembleia da República?

[242] Na casa dos 16%, tanto quanto se julga saber.

[243] Novas Tecnologias: *Um Admirável Mundo Novo do Trabalho*, in *Estudos de Direito do Trabalho*, Almedina, Coimbra, 2011, p. 215.

ameaças para os direitos dos trabalhadores, defendendo-se que o trabalhador tem um *direito à desconexão* "...[244], ou *ao desligamento*, como diz ASSUNÇÃO CRISTAS, entendido como o direito à vida privada do século XXI". E, acrescento eu, como já disse, estamos no domínio da dignidade social do trabalhador, bem maior consagrado logo no artigo 1.º da Constituição da República.

Acrescenta a autora que estamos perante o *infotrabalhador*, do *Always on*, das 24 sobre 24 horas, concluindo que o Admirável Mundo Novo do Trabalho[245] mais parece um "Abominável Mundo Novo do Trabalho[246].

8.5. As posições adotadas quanto a tempos de trabalho e pluriemprego respiram também o seu fundamento na *dignidade* do trabalhador. Convém não esquecer, relembrando, a Constituição da Organização Internacional do Trabalho, Capítulo XIII do Tratado de Versalhes – 1919 –, pacto que criou a Sociedade das Nações e que pôs

---

[244] Ou *ao desligamento*, como diz ASSUNÇÃO CRISTAS.

[245] *O Admirável Mundo Novo* é um romance de ALDOUS HUXLEY, (1894-1963), trad. de Mário Henrique Leiria, Editora Antígona, 2014, que foi publicado pela primeira vez em 1932. Juntamente com *1984*, de GEORGE ORWELL, e *Fahrenheit 451*, de RAY BRADBURY, integra as três grandes distopias literárias do século XX.

[246] *Op. cit.*, p. 222.

juridicamente termo à I Guerra Mundial. Deve, também, ter-se presente a Declaração de Filadélfia, de 1944, em plena II Guerra Mundial, quando proclama que "... o trabalho não é uma mercadoria..." E que "... a pobreza, onde quer que exista, constitui um perigo para a prosperidade de todos..."

Más condições de trabalho, exploração e indignidade dos trabalhadores podem, e a História corrobora-o, provocar conflitos gravíssimos.

A dignidade implica, entre outros, o direito ao repouso[247]. E "... Os direitos dos trabalhadores, como todos os demais direitos, baseiam-se na natureza da pessoa humana e na sua dignidade transcendente"[248].

À vida digna através do trabalho reporta-se o Papa FRANCISCO[249]. Citando o Papa BENTO XVI[250], considera que *acima dos limitados interesses das empresas e da sua discutível racionalidade económica* "se continue a perseguir como prioritário o objetivo do acesso ao trabalho para todos".

---

[247] S. JOÃO PAULO II, *Laborem Exercens*, n.º 19, AAS73, 1981, pp. 625-629.

[248] *Compêndio de Doutrina Social da Igreja*, Conselho Pontifício Justiça e Paz, Cascais, 2005.

[249] *Louvado Sejas*, Carta Encíclica *Laudato Si, Sobre o Cuidado da Casa Comum*, Prior Velho, 2015, p. 88.

[250] *Caritas in Veritate*, 2009, n.º 32, AAS, 101 (2009), p. 666.

Dignidade, dia de descanso e tempo de descanso, repito, estão interligados[251]. Este pode ser, mesmo, o fundamento último para as posições defendidas.

Há que proceder, de vez, ao afastamento do *fundamentalismo liberal*[252] e da ideia de lhe conferir apenas um *new look*. O Direito do Trabalho que, na sua curta existência, serviu para jurisdicizar os conflitos e ajudar a resolvê-los[253], que contribuiu para o equilíbrio entre o *desejável e o possível*, tem de continuar a desempenhar esse papel de forte equilíbrio social. Mas sem intuitos colonizadores, na feliz expressão de SPIROS SIMITIS[254].

A razão de ser do Direito do Trabalho permanece intangível e os direitos fundamentais dos trabalhadores, constitucionalmente materializados, devem ser a *tábua de salvação* para interpretações mais negras das normas com que alguns, dizendo as normas, não vêem o Direito, em onda que campeia ao som de valores economicistas onde parece sucumbir a cidade do humanismo. A verdade,

---

[251] À lei do *Shabbat*, de instituição de um dia de descanso ao sétimo dia, reporta-se o Papa FRANCISCO, *op. cit.*, por último, p. 52.

[252] Reduzindo o Direito do Trabalho à sua expressão mínima. Vd. EDUARDO TORRECILLA, *Passado, presente e futuro del Trabajo, RL*, 18, 1997, que refere, mesmo, a sua *balcanização.*

[253] PALOMEQUE, *Derecho del Trabajo e Ideologia*, *op. cit.*, pp. 17 e ss.

[254] Citado por VALDÉS DAL-RÉ, *Poderes del empresario y derechos de la persona del trabajador...*, *RL*, 1990, p. 282.

porém, é que não há emprego sem empresas sólidas, e o trabalho sem trabalhadores, não obstante as revoluções digitais em curso, é uma miragem.

A paz social, que o Direito do Trabalho promove, não obstante o recurso à greve para reequilíbrio de posições contratuais por natureza desniveladas, é um bem cimeiro que deve ancorar-se numa legislação antropologicamente mais amiga do contraente débil, isto é, do trabalhador. A não ser assim, creio, pode perigar, como a História o demonstra, a Paz da nossa CASA COMUM.

A Beleza de uma Lua Cheia a que o Rio Douro dá nova vida...
Casa da Vida, no Freixo.

A Natureza é *quem mais ordena*... E coexiste com o betão...

III

CONCLUSÕES

CONCLUSÕES

Existem mais de trezentos tratados internacionais sobre o fim do trabalho escravo, da escravidão e do comércio de pessoas e mais de doze convenções mundiais de combate à escravidão contemporânea. Questão é que esse grave e horrendo problema[255] subsiste diante da condição de miséria em que vive grande parte da população mundial. A fome, a miséria, a pobreza extrema, com privilegiadas condições de ocorrência em muitos países, mesmo dos ditos desenvolvidos, ajudam a *compreender*, mas nunca a *explicar*, a nova escravidão, a nova servidão, o novo trabalho forçado. Razões, mais que não fosse, e são, para, em tempos de SARS-CoV-2, e de criação de um *Livro Verde Sobre o Futuro do Trabalho em Portugal 2021*, atacarmos de frente o problema, sabendo que as leis são sempre um remédio, que não é taumatúrgico, e cuja reatividade, não havendo empoderamento das entidades competentes,

---

[255] Que coloca em causa, desde logo, a bondade da pessoa humana, a remeter-nos novamente para o *homo hominis lupus*.

nomeadamente da Autoridade para as Condições do Trabalho e dos Tribunais, pouco resolvem.

1. O tempo de trabalho, como resulta do que se disse, assume a magnitude de forte conecção à dignidade humana, à empregabilidade e pode fomentar *trabalho do quarto tipo*[256]. Pode dizer-se, com toda a verdade, que as múltiplas revoluções tecnológicas sempre implicaram graves problemas quanto aos trabalhadores, sendo que o Direito, tardiamente, é certo, sempre encontrou respostas ou, tão só, hipóteses de respostas.

Acontece que na era digital do nosso tempo, em que é possível, para muitos tipos de trabalho, a sua desmaterialização[257], sendo que a SARS-CoV-2 potenciou a situação, é preciso afirmar o direito à desconexão[258], já consagrado em França, e, com alterações recentes, em Itália e em Espanha, desde dezembro de 2018. Em Portugal, o Grupo Parlamentar do Partido Socialista apresentou, sobre o

---

[256] Comissão Mundial sobre o Futuro do Trabalho, OIT – *Trabalhar para um Futuro mais Promissor*, Genebra, 2019.

[257] Prestação da atividade laborativa em qualquer lugar e a qualquer hora, com grande opacidade do empregador real, sem intervenções de associações sindicais. Referimos, também, os *nómadas digitais*.

[258] *Op. cit.* por último, p. 41. MOREIRA, TERESA COELHO, *O Direito à Desconexão dos Trabalhadores*, in Questões Laborais, 49, Almedina, Coimbra, 2016, pp. 7-28.

tema, uma proposta na Assembleia da República, no dia 15 do mês de maio de 2019. Acresce que, como já se disse[259], é um erro pensar-se que há aumento de produtividade com aumento do tempo de trabalho. O desempenho pessoal do trabalhador e empresarial[260] dependem, além do mais, da saúde, do bem estar, de uma maior soberania dos trabalhadores sobre o seu tempo de trabalho. Impõe-se, pois, mais que nunca, um verdadeiro *diálogo social*, em que insiste o Papa FRANCISCO em *Fratelli Tutti*, ponto 198, diálogo sistemático e consistente, porque, como se sabe, a sociedade do nosso tempo, muito por causa dos tempos de trabalho, da sua *flexibilidade de via única* e da busca de lucros sem *conta, peso e medida*, está a resvalar e a derrapar para os primórdios, agoirentos, violentando os grandes princípios consagrados no artigo 4.º da CEDH, devendo concluir-se que, independentemente da pandemia, é tempo para pensar o futuro, que bate à porta a cada instante. E os comandos desta norma são essenciais à defesa da dignidade humana, o mesmo acontecendo com o número 83 do *Relatório Explicativo da Convenção sobre o Tráfico de Seres Humanos do Conselho da Europa*. "Por abuso" de uma posição de vulnerabilidade entende-se o

259 MESSENGER, 2018. *Vide* II, 3.1.

260 WEATLEY, 2017.

abuso de qualquer situação em que a pessoa envolvida não tenha uma alternativa real e aceitável para não se lhe submeter. A vulnerabilidade pode ser de qualquer tipo, seja física, psicológica, emocional, relativa à família, social ou económica. A situação pode, por exemplo, envolver insegurança ou ilegalidade da vítima, estatuto administrativo ou saúde frágil. Em suma, a situação pode ser qualquer estado de dificuldade em que um ser humano é impelido a aceitar ser explorado. Pessoas que abusam flagrantemente dessa situação infringem os direitos humanos e violam a dignidade humana, bem como a integridade, a que ninguém pode validamente renunciar.

Texto bem esclarecedor e iluminado quando aborda a escravidão, a servidão, o trabalho forçado ou o trabalho obrigatório.

2. Na densificação dos conceitos de *escravidão, servidão, trabalho forçado* ou *obrigatório* há que recorrer, desde logo, às convenções internacionais onde os mesmos estão presentes, como é o caso, em visão sincopada feita neste livro, de algumas convenções da OIT[261].

E se decisões há do TEDH que nos permitem caminhar com alguma segurança na concretização dos conceitos de

---

[261] Isto mesmo é reconhecido em *Siliadin v. França*, 73316/01§91.

servidão e de *trabalho forçado*[262], é nosso entendimento, claramente expresso, que esses conceitos, pressupondo *aggiornamento*, atualização, tão grande e fatídico é o *engenho e a arte* do homem, não podem circunscrever-se à visão somente jurídica pois apouca a referida compreensão. Esta é, claramente, matéria multidisciplinar, de *arquipélago e não de continente*. Nesse sentido escrevemos.

3. O artigo 4.º da CEDH, articulado com os artigos 2.º e 3.º, corporizam[263] valores fundamentais das sociedades democráticas. Acresce que o n.º 1 do artigo 4.º não admite quaisquer exceções e, considerando o n.º 2 do artigo 15, também da CEDH, não é, mesmo em caso de emergência pública, admitida qualquer derrogação.

4. Para os efeitos específicos do n.º 1 do artigo 4.º, e no que à escravidão diz respeito, tendo como suporte a *Convenção sobre a Escravidão de 1926*, assenta-se que o que está em causa é a *coisificação* da pessoa humana, considerada objeto de direito de propriedade de outrém.

---

[262] Como é o caso, entre outros, de *CN e V contra a França*, 67724/09.

[263] *Siliadin v França* §112; *Stummer v. Áustria* (GC), §116.

5. Já no que à servidão[264] concerne, a mesma traduz-se[265] numa "...forma particularmente séria de negação da liberdade...", na incorporação "... na propriedade de outra pessoa e na impossibilidade de alterar a sua condição..." e, ainda, na "... obrigação de prestar serviços impostos pelo uso da força..."

6. Quanto ao trabalho *forçado* ou *obrigatório*, e assentando na *Convenção 29 da OIT*, o TEDH tem considerado que o n.º 2 do artigo 4.º da CEDH abrange "... todo o trabalho ou serviço que é exigido de qualquer pessoa sob ameaça de qualquer castigo e para o qual a pessoa não se ofereceu voluntariamente...", o que pressupõe aferir qual o tipo e a quantidade de trabalho envolvido, a restrição física ou mental sofrida, a coação psicológica existente e o trabalho prestado sem a adequada compensação retributiva.

Concluimos, assim, que, com as revoluções digitais em curso, cada vez mais frequentes e insidiosas, nos assiste a convicção de que os casos de *trabalho do quarto tipo*, subsumíveis no artigo 4.º da CEDH têm, acrescidamente,

---

[264] Prevista no mesmo número e artigo.

[265] *Vide Siliadin v França*, §§123 e 124.

privilegiadas condições de ocorrência, na mira de um lucro fácil e infindável, que é, infelizmente, *quem mais ordena.*

Para MAALOUF, os horizontes do futuro não parecem ser muito edificantes, com o desencadeamento de uma dinâmica infantilizante e *potencialmente escravizadora*[266], difícil de travar. Como dizia ORWELL, com forte dose de cinismo, através de uma personagem do romance *1984... A escolha, para a humanidade, é entre a liberdade e a felicidade, e para a grande maioria a felicidade é melhor...*

A inteligência artificial e os seus avanços, a robotização, o trabalho em plataformas informáticas, a nanotecnologia, com a "virtualidade" de *coisificar*, de *reificar* o trabalho humano e de o degradar, transferindo para máquinas sofisticadas competências e saberes do homem trabalhador, isto é, a substituição maciça de homens por máquinas, além de embaratecer o trabalho humano, de provocar desemprego tecnológico, retira dignidade à pessoa que trabalha, equiparada, em seu desabono, à máquina e ao robô, que mais trabalham e que mais produzem. Fatalidade dos tempos? As vias verdes eliminaram os portageiros e nós

---

266 *Op. cit.*, p. 222.

transformamo-nos em trabalhadores das gasolineiras[267]. É sempre a *febre do oiro*...

A crença num futuro de progresso, e não é por causa da SARS-CoV-2, esvai-se, esfuma-se... É certo que há quem tenha palavras tranquilizadoras relativamente à substituição do homem por máquinas dizendo que, por detrás destas, por muito aperfeiçoadas que sejam, está sempre o cérebro humano. A questão é a de saber quantos cérebros humanos são precisos e quantos milhares de milhões de postos de trabalho desaparecerão!

NOVA ESCRAVIDÃO? Mais trabalho do quarto tipo? Mais guerras para conseguir novos equilíbrios?

...

O último país a abolir a escravidão foi a Mauritânia, em 1981. Porém, uma coisa são as leis *on the books* e outra, muitas vezes bem diferente, é a *law in action*, como, repetidamente, dizemos.

E está-se novamente no princípio: de facto, a captura de moças e crianças bonitas para serem escravas domésticas ou ajudantes de outros trabalhos é uma realidade.

Na escravidão, dita branca – tráfico humano para a prostituição forçada – encontram-se milhões de raparigas, oriundas, principalmente, de países pobres.

---

[267] Curiosamente, o fenómeno não é tão maciço nos EUA.

O trabalho de crianças nas minas, na construção civil, nos têxteis, confeções, metalurgia, e não só, continua a proliferar.

O trabalho sem horas, sem que o trabalhador possa *dizer basta*, é uma realidade em países ditos desenvolvidos.

A moderna escravidão, com ausência total de dignidade, prolifera, está em toda a parte e passa despercebida da maioria de nós. O trabalho, à pretensa luz do Direito, parece dar-lhe *cobertura*. Que fazer? Não pode esquecer-se que os países *desenvolvidos* da Europa são os que mais lucram com a escravatura moderna, sendo que as novas formas continuam, como se viu, a afetar milhões de pessoas. A Europa sempre ligada à escravidão!

São difíceis de concretizar as revoluções de pensamentos, comportamentos, mentalidades e atitudes. Sendo de *Educação* que se trata, também é questão de sobrevivência. Há, pois, que adotar nova mentalidade, o que não é *coisa* fácil, quanto à verdadeira dimensão e alcance das questões que o título do livro sugere.

À visão atávica e tacanha, contrapõe-se a visão dinâmica, de uma nova liberdade, que *toque o dobre de finados* pelas condições degradantes do trabalho, pela jornada excessiva, pelo trabalho indecente. A dignidade humana exige-o, o Planeta postula-o, a sobrevivência de todos e a Justiça e a Paz reclamam-no.

Quase a concluir, é altura de lembrar o Bispo brasileiro HELDER CÂMARA, quando dizia: *ultrapassa-te a ti mesmo em cada dia, a cada instante. Não por vaidade, mas para corresponderes à obrigação sagrada de contribuir sempre mais e sempre melhor, para a construção do Mundo. Mais importante que escutar as palavras é adivinhar as angústias, sondar o mistério, escutar o silêncio* (a que, em múltiplos dos seus livros, se refere TOLENTINO MENDONÇA). *Feliz de quem entende que é preciso mudar muito para ser,* e não para ter, dizemos nós.

E concluo, mesmo, com o Papa FRANCISCO[268] que, depois de dizer que não quer acreditar que a SARS-CoV-2 se trata de um castigo divino, e de lembrar VIRGÍLIO[269] quando diz que *vem à mente evocar as lágrimas das coisas, as vicissitudes da história,* defende que não podemos esquecer as lições da história, *mestre da vida*, em que o princípio "salve-se quem puder" rapidamente se poderia transformar no lema "tudo contra todos", o que seria bem pior do que a pandemia.

A Esperança, como bem diz o Povo, é a última a morrer. Pelas razões mais diversas, de que as climatéricas assumem, talvez, o papel mais importante, e que, como a pandemia, pode atingir *democraticamente* a esmagadora

---

[268] *Fratelli Tutti*, pontos 34, 35 e 36.

[269] (70 a.C – 19 a.C) A *Eneida*, 19 a.C, publicada em 1760.

maioria da população, da Humanidade, podem formar-se pressões que levem, se não à eliminação, pelo menos à forte atenuação das modernas formas de *Escravidão* e elevem o *Trabalho* a bem maior do Homem, com a *Dignidade* que lhe está associada.

Todo o Homem e o Homem todo merecem esta caminhada no sentido da sua elevação à natureza para que foi criado.

O tempo urge. Afinal, é de Sobrevivência global que se trata.

Oliveiras, na Casa de Canelas.

IV

GPS OU ROTEIRO

1. Bibliografia Geral
2. Documentos e Organizações
3. Jurisprudência Citada do TEDH
4. Índice Onomástico de Autores
5. Índice Onomástico de Personagens Bíblicas, Religiosas Santos e Papas
6. Listagem de Ilustrações
7. Índice de Obras
8. Índice Geral

A Erosão – Ilha do Baleal.

1.
BIBLIOGRAFIA GERAL

ALBUQUERQUE, Paulo Pinto – *Comentário do Código Penal*, 3.ª edição, Universidade Católica Editora, Lisboa, 2015.

ANDRADE, José Carlos Vieira – *Os Direitos Fundamentais na Constituição Portuguesa de 1976*, reimpressão, Almedina, Coimbra, 1987.

ANTUNES, Nuno Lobo – Porque é que os pais sabem responder a todas as perguntas? *Trocado por Miúdos*, pp. 15-17, Porto Editora, Porto, 2013.

ASCENSÃO, José de Oliveira – *O Direito, Introdução e Teoria Geral*, 10.ª edição, Almedina, Coimbra, 1997.

ATTENBOROUS, David – *Uma Vida no Nosso Planeta*, trad. Marta Pinho, Temas e Debates, Círculo de Leitores, Lisboa, novembro 2020.

AUVERGNON, Philhipe – "Redução do tempo de trabalho e progresso da flexibilidade em França", Monteiro Fernandes (trad.), in *Questões Laborais*, Ano VII, n.º 16, Coimbra Editora, Coimbra, 2000.

AZCÁRATE, Gumersindo de – *Alcance y significación de las lhamadas leys obreras*, Sucesores de Rivadeneyra, Madrid, 1883.

BAPTIST, Edward - *The Half Has Never Been Told: Slavery and the Rise of American Capitalism*, Basic Books, New York, 2014.

BAPTISTA, Albino Mendes - "Tempos de Trabalho e de Não Trabalho", in *Memórias do V Congresso Nacional de Direito do Trabalho*, António Moreira (coord.), Almedina, Coimbra, 2003.

BRADBURY, Ray - *Fahrencheit 451*, primeira edição em 1953, nos EUA, trad. Márk-Henrique Leiria, Livros do Brasil (1956-1968) e Publicações Europa América (2002).

CARDOSO, Miguel Esteves - *A Causa das Coisas*, Expresso, Lisboa, 1986.

CAUPERS, João - *Os Direitos Fundamentais dos Trabalhadores e a Constituição*, Almedina, Coimbra, 1985.

CORDEIRO, António Menezes - *Isenção de Horário de Trabalho, Subsídios para a Dogmática Atual do Direito do Trabalho*, Almedina, Coimbra, 2000.

- *Convenções Coletivas de Trabalho e Alterações das Circunstâncias*, Almedina, Lisboa, 1995.

CORREIA, Eduardo - *Direito Criminal*, vol I, Almedina, Coimbra, 1963.

DAMÁSIO, António - Sentir & Saber *A Caminho da Consciência*, Círculo de Leitores, Lisboa, novembro de 2020.

DRAY, Guilherme - *O Princípio da Igualdade no Direito do Trabalho*, Almedina, Coimbra, 1999.

DURÁN LOPEZ – "El futuro del Derecho del Trabajo", in *REDT*, 78, 1996.

ENGISH, Karl, *Introdução ao Pensamento Jurídico*, tradução Baptista Machado, Gulbenkian, Lisboa, 1965.

FERNANDES, António Monteiro – *Direito do Trabalho*, 18.ª edição, Almedina, Coimbra, 2017.

FERNANDES, Francisco Liberal – "A organização do tempo de trabalho à luz da Lei n.º 21/96, de 23 de julho", in *Questões Laborais*, Ano IV, n.º 9-10, 1997.

– *Comentário às Leis da Duração do Trabalho e do Trabalho Suplementar*, Coimbra Editora, Coimbra, 1995.

FERREIRA, Mega – Porque é que os livros existem? *Trocado Por Miúdos*, pp. 54-57, Porto Editora, Porto, 2013.

FORRESTER, Vivianne – *O Horror Económico*, trad. António Rafael Amara, Terramar, Lisboa, 2001.

FRANCISCO – *Laudato Si; Sobre o Cuidado da Casa Comum*, Libreria Editrice Vaticano, 2015.

– *Terra, Casa Trabalho*, trad. Marta Pinho, Temas e Debates, Círculo de Leitores, Lisboa, setembro de 2018.

– *Fratelli Tutti*, sobre a *Fraternidade e a Amizade Social*, Santa Sé, 2020.10.03.

FREDERICO NAVARRO e ALEXIS TRICLIN – "El debate francés sobre la reducción del tiempo de trabajo", in *Relaciones Laborales*, 3, Madrid, 1999.

GATTES, Bill – *Como Evitar um Desastre Climático*, Ideias de Ler, Lisboa, fevereiro de 2021.

HUXLEY, Aldous - *Admirável Mundo Novo*, Antígona, Lisboa, 2014.

JOÃO PAULO II - "Redemptor Hominis"

- "*Laborem Exercens*", *Acta Apostolice Sedis*, 73, 1991, pp. 577-647.

- "*Centesimus Annus*", *Acta Apostolice Sedis*, 83, 1991, pp. 793-867.

JUSTO, António dos Santos - *Direito Privado Romano - I, Parte Geral*, Coimbra Editora, Coimbra, 2017.

LEAL, António Silva - A Crise do Estado de Bem-Estar, do Direito do Trabalho, *in Temas de Direito do Trabalho*, Coimbra Editora, Coimbra, 1990

LEÃO XIII - "*Rerum Novarum*", *Acta Leonis XIII*, n.º 11, 1892, pp. 97-144.

LÉRY-BRUHL, H. - "Théorie de l' Esclavage", *Revue Generale du Droit de la Legislation et de la Jurisprudence*, 55, 1931.

MAALOUF, AMIN, *O Naufrágio das Civilizações*, trad. Paula Caetano, Editorial Presença, Queluz de Baixo, 2020.

MARTÍN VALVERDE, RODRIGUEZ-SAÑUDO y JOAQUÍN GARCÍA MURCIA - *Derecho del Trabajo*, 6.ª ed., Madrid, 1997.

MARTINEZ, Pedro Romano - *Direito do Trabalho*, 7.ª edição, Almedina, Coimbra, 2015.

MASCARENHAS, André Ofenhejm, DIAS, Sylmara Lopes Gonçalves, BAPTISTA, Rodrigro Martins - "Elementos para a Discussão da Escravidão Contemporânea como

Política de Gestão", in *RAE – Revista de Administração e Empresas*, vol. 55, n.º 2, 2015.

MELÍCIAS, Vitor e NEVES, João César, *Deus e o Mercado*, D. Quixote, Alfragide, 2020.

MENDONÇA, José Tolentino – *O Hipopótamo de Deus*, 3.ª Ed., Paulinas, Prior Velho, 2013.

– *O Pequeno Caminho das Grandes Perguntas*, Quetzal Editores, Lisboa, 2017.

– *Elogio da Sede*, Quetzal Editores, Lisboa, 2018.

– *Uma Beleza que nos Pertence*, Quetzal Editores, Lisboa, 2019.

– *O que é Amar um País*, Quetzal Editores, Lisboa, 2020.

– *Rezar de Olhos Abertos*, Quetzal Editores, Lisboa, novembro 2020.

MESSENGER, John – "Working time and the future of work", in *Future of Work Reserch Paper Series*, n.º 6, OIT, Genebra, 2018.

MIRANDA, Jorge – *Manual de Direito Constitucional*, 4.ª ed., 3.º reimpressão, Coimbra Editora, Coimbra, 1989.

MOREIRA, António José – *Salários em Atraso*, Porto Editora, Porto, 1986.

– "A Moderna Gestão dos Tempos de Trabalho", in *Fórum Emprego, Formação, Trabalho*, MQE, Lisboa, 1997, pp. 479 e ss.

– "Código do Trabalho – Anteprojeto. Breve apreciação crítica", in *Minerva – Revista de Estudos Laborais*, Ano I, n.º 1, Almedina, Coimbra, 2002, pp. 9-47.

- "Comentário ao Acórdão do STJ de 22 de setembro de 2004", in *Minerva - Revista de Estudos Laborais*, Ano III, n.º 6, Almedina, Coimbra, 2005, pp. 135 e ss.
- "Flexibilidade Temporal", in *Estudos de Direito do Trabalho em Homenagem ao Professor Manuel Alonso Olea*, Almedina, António Monteiro Fernandes (coord.), Coimbra, 2004, pp. 105-121.
- "Comentário à Sentença do Tribunal Administrativo do Círculo do Porto", in *Minerva - Revista de Estudos Laborais*, Ano I, n.º 1, Almedina, Coimbra, 2002, pp. 172 e ss.

MOREIRA, Teresa Coelho - "O Direito à Desconexão dos Trabalhadores", in *Questões Laborais*, 49, Almedina, Coimbra, 2016, pp. 7-28.

- *Estudos de Direito do Trabalho*, Almedina, Coimbra, 2011.

OLIVEIRA, Marta Primitivo - *A Prostituição no Sistema Jurídico Português*, dissertação de Mestrado em Direito, Faculdade de Direito da Universidade Nova de Lisboa, 2017.

ORWELL, George - *1984*, com primeira publicação em 1949, trad. Paulo de Santa Rita, Ulisseia, Lisboa, 1955.

PALOMEQUE LOPEZ e ÁLVAREZ DE LA ROSA, *Derecho del Trabajo*, 5.ª ed. Madrid, 1997.

PALOMEQUE LOPEZ, Manuel Carlos - *Direito do Trabalho e Ideologia*, 5.ª edição, tradução de António Moreira, Almedina, Coimbra, 2001.

- *Los Derechos Laborales en la Constitución Española*, in Cuadernos e Debates, Madrid, 1991.

PENCAVEL, John – "The Productivity of Working Hours", in *The Economic Journal*, vol. 125, pp. 2052-2076.

PEREZ LUÑO – *Los Derechos Fundamenales*, 3.ª ed., Madrid, 1988.

- *Delimatación conceptual de los derechos humanos*, Sevilha, 1979.

PIMENTEL, Irene Flunser – Para que serve a História, in *Trocado por Miúdos*, pp. 41-44, Porto Editora, Porto, 2013.

PIO XI – "Quadragesimo Anno", *Acta Apostolice Sedis*, 23, 1931, pp. 177-228.

PRATA, Ana – *A Tutela Constitucional da Autonomia Privada*, Almedina, Coimbra, 1982

RAMALHO, Maria do Rosário Palma – *Tratado de Direito do Trabalho, Parte II*, Relações Laborais Individuais, 5.ª edição, Almedina, Coimbra, 2014.

REDINHA, Maria Regina Gomes – *A Relação laboral Fragmentada – Estudo sobre o Trabalho Temporário*, Studia Juridica, 12, BFDUC, Coimbra Editora, Coimbra, 1995.

RIVERO LAMAS, Juan – *Limitación de los Poderes Empresariales y Democracia Industrial*, Universidade de Zaragoza, 1987.

STILWELL, Peter – Existem várias religiões. Cada religião tem um Deus. Existe só um Deus ou vários? O que é a alma? in *Trocado por Miúdos*, pp. 28-32, Porto Editora, Porto, 2013.

STOWE, Harriet Beecher - *Uncle Tom's Cabin*, 1852.

SUPIOT, Alain - *Transformations du travail et devenir du droit du travail en Europe*, Bélgica, 1999.

TORRECILLA, Eduardo - *Pasado, Presente e Futuro del trabajo*, RL, 18,1997.

VALDÉS DAL-RÉ- *Poderes del empresario y derechos de la persona del trabajador*, RL, 1990.

VASCONCELOS, Joana - Sobre a aplicação do artigo 81.º do Código Civil às cláusulas de limitação da liberdade de trabalho, *in Estudos dedicados ao Professor Doutor Bernardo da Gama Lobo Xavier*, Vol. II, Universidade Católica Editora, Lisboa, 2015, pp. 201 e ss.

- Pacto de permanência, liberdade do trabalho e desvinculação do trabalhador, *in RDES*, 2013.

VIEIRA, Alice - Com nove anos tenho capacidade para escrever livros? In *Trocado por Miúdos*, pp. 58-60, Porto Editora, Porto, 2013.

VIRGÍLIO - *A Eneida*, trad. Docentes da Faculdade de Letras de Lisboa, reimpressão, Lisboa, 2016.

WHEATLEY, D. - "Autonomy in paid work and employee subjective well-being", in *Work and Occupations*, vol. 44, n.º 3, 2017, pp. 296-328.

XAVIER, Bernardo da Gama Lobo *et alii* - *Manual de Direito do Trabalho*, 4.ª edição, Rei dos Livros, Lisboa, 2020.

2.
DOCUMENTOS E ORGANIZAÇÕES

1. BIT – Bureau International du Travail – *Trabalho Digno em Portugal – 2008-2018*, Genebra, 2018.

2. Conselho da Europa – Carta Social Europeia revista
   - Convenção para a Proteção dos Direitos do Homem e das Liberdades Fundamentais ou Convenção Europeia dos Direitos do Homem.
   - Convenção n.º 29, sobre o Trabalho Forçado, 1930.
   - Convenção n.º 105, sobre a Abolição do Trabalho Forçado, 1957.
   - Convenção para a Supressão do Tráfico de Pessoas e a Exploração da Prostituição, 1949.
   - Convenção sobre a Eliminação de Todas as Formas de Discriminação contra as Mulheres, 1979.
   - Convenção do Conselho da Europa contra o Tráfico de Seres Humanos, 2005.
   - Protocolo à Convenção sobre o Trabalho Forçado, 2014.
   - Recomendação sobre o Trabalho Forçado, 2014.
   - Relatório Anual do CE de 2018.

- Relatório Explicativo da Convenção sobre Tráfico de Seres Humanos.

3. OIT – Comissão Mundial Sobre o Futuro do Trabalho – *Trabalhar para um Futuro mais Promissor*, Genebra, 2019.

4. ONU – Agenda 2030 para o Desenvolvimento Sustentável.
   - Carta Internacional dos Direitos Humanos.
   - Declaração sobre a Eliminação da Violência contra as Mulheres, 1993.
   - Declaração Universal dos Direitos do Homem, 1948.
   - Pacto Internacional sobre os Direitos Civis e Políticos, 1948.
   - Pacto Internacional sobre os Direitos Económicos, Sociais e Culturais, 1966.
   - Protocolo de Palermo para prevenir, suprimir e punir o Tráfico de Pessoas, especialmente Mulheres e Crianças, 2000.

5. Santa Sé
   - *In Plurimis* – Papa Leão XIII – 1891
   - *De Rerum Novarum* – Papa Leão XIII – 1891
   - *Quadragesimo Anno* – Papa Pio XI – 1931
   - *Redemptor Hominis* – S. João Paulo II – 1979
   - *Laborem Exercens* – S. João Paulo II – 1981

- *Sollicitudo Rei Socialis* – S. João Paulo II – 1987
- *Centesimus Annus* – S. João Paulo II – 1991
- Decálogo de Assis Para a Paz – S. João Paulo II – 2002
- *Caritas in Veritate* – Papa Bento XVI – 2009
- *Laudato Si* – Papa Francisco – 2015
- Mensagem para o Lançamento do Pacto Educativo – Papa Francisco, 2019
- *Fratelli Tutti,* sobre a *Fraternidade e a Amizade Social*– Papa Francisco, 2020

6. UE – Carta dos Direitos Fundamentais da União Europeia.

7. Walk Free Foundation – *The Global Slavery Index*, 2018.

3.

JURISPRUDÊNCIA CITADA DO TEDH

1. Caso *CN v. Reino Unido (dec.)*, n.º 4239/08, de 13 novembro 2012
2. Caso *Stummer v. Áustria* [GC], n.º 37452/02, § 116, 7 julho 2011
3. Caso *Siladin v. França* [GC], n.º 73316/01, 26 julho 2005
4. Caso *SM v. Croácia* [GC], n.º 60561/14, 19 julho 2018
5. Caso *Renda Martins c. Portugal (dec.)*, n.º 50085, 18 janeiro 2001
6. Caso *Antunes Rocha c. Portugal (dec.)*, n.º 64330, 30 setembro 2004
7. Caso *Castanheira Barros v. Portugal (dec.)*, n.º 6159, 20 outubro 2015
8. Caso *Karlheinz Schmidt c. Alemanha (dec.)*, n.º 13580/88, 18 julho 1994
9. Caso *Chitos v. Grécia (dec.)*, n.º 51637/12, 4 junho 2015
10. Caso *Afereir O c. Grécia*, n.º 71545/12, 21 janeiro 2016
11. Caso *Rantsev vs. Chipre e Rússia (dec.)*, n.º 25965/04, 7 janeiro 2010

12. Caso *Chowdury e outros c. Grécia (dec.),* n.º 21884/15, 30 março 2017

13. Caso *CN e V c. França (dec.),* n.º 67724/09, 11 outubro 2012

4.
ÍNDICE ONOMÁSTICO DE AUTORES, POLÍTICOS E PENSADORES REFERIDOS AO LONGO DO TEXTO

5.

ÍNDICE ONOMÁSTICO DE PERSONAGENS BÍBLICAS, RELIGIOSAS, SANTOS E PAPAS

6.

ÍNDICE DE ILUSTRAÇÕES

7.
ÍNDICE DE OBRAS
(Ao longo do texto)

Macieiras a florir, em Primavera sempre esperançosa,
no *campus* do Porto da Universidade Lusíada.

8.
ÍNDICE GERAL

I
PARA UMA VISÃO *COMPREENSIVA* DA ESCRAVIDÃO, DA SERVIDÃO E DO TRABALHO FORÇADO OU OBRIGATÓRIO

II
A NOVA ESCRAVIDÃO, TRABALHO DIGNO E TEMPO DE TRABALHO À LUZ DO ARTIGO 4.º DA CEDH E DO DIREITO DO TRABALHO PORTUGUÊS

III
CONCLUSÕES

IV

GPS OU ROTEIRO